하나님의
음성과 사역

하나님의
음성과 사역

첫판 1쇄 2021년 10월 20일

지은이 전두승
발행인 전두승
디자인 한영애
교   정 김은옥
펴낸곳 하리운출판사

출판등록 제386-251002019000024호

주소 경기도 부천시 소사본동 216-6
홈페이지 www.hariun.com
유튜브 하리운 TV
전자우편 globaldm2030@yahoo.com

ISBN 979-11-972876-3-3 03230

하나님의
음성과 사역

전두승 지음

온 세상을 덮을 마지막 부흥을 위한 하나님 영광의 통로

하리운

주님은 세상에 계실 때, 아버지께서 보여 주시고 가르치신 일을 행하셨다. 아버지의 일을 위해 보내심을 받았기 때문이다. 38년 된 병자를 고치신 후, "내가 진실로 진실로 너희에게 이르노니 아들이 아버지께서 하시는 일을 보지 않고는 아무것도 스스로 할 수 없나니 아버지께서 행하시는 그것을 아들도 그와 같이 행하느니라 아버지께서 아들을 사랑하사 자기의 행하시는 것을 다 아들에게 보이시고 또 그보다 더 큰 일을 보이사 너희로 기이히 여기게 하시리라"(요 5:19-20)고 하셨다. 삼위일체 하나님이신 예수님이 세상에 보내신 아버지 하나님이 보여 주시며 하라고 하신 일을 행하셨다면, 그 주님으로부터 보내심을 받은 우리는 오죽할까? 지난 2천년 동안 성소 시대 기름 부음의 역사는 은사와 능력으로 복음을 전하고 사역하던 때였지만, 이제 주님의 재림을 앞둔 지성소 시대 영광의 역사는 하나님께서 직접 모든 선포된 말씀을 이루시는 역사이다.

지금은 전적으로 하나님께 의존해야 할 때이다. 지금은 우리의 지식과 이해에 머물 때가 아니다. SNS나 뉴스에만 의존할 때가 아니다. 2차 세계대전 이후 유례 없는 세계적 전염병과의 전쟁에 돌입한 유럽 국가들과 세계 최강대국인 미국까지도 해결책을 내놓지 못하는 상황에서 세계적으로 430만 명이 넘는 사망자를 양산하였다. 우리는 이를 빌미로 전 세계가 적그리스도 체제의 전조인 통제 사회를 만들어가는 것을 보고 있다. 이럴 때일수록 하나님께서 어떻게 그분의 약속을 이루어 가시는지에 대해 귀 기울여 듣고, 행하실 패턴에 대해 알아야 한다. 하나님의 신이 임한 자에게 장래 일을 말씀하신다. 주 여호와께서는 자기의 비밀을 그 종 선지자에게 보이지 아니하시고는 결코 행하심이 없으시다(암 3:7).

주님 재림 전, 물이 바다 덮음 같이 여호와의 영광이 온 세상을 덮을 마지막 부흥을 위해 우리는 하나님 영광의 통로로 준비되어야 한다. 이를 위해 어떤 사역을 열심히 하는 것보다 하나님이 쓰시기에 합당한 정결하고 거룩한 그릇으로 준비되는 것이 무엇보다 중요하다. 스가랴서는 특별히 마지막 때, 주의 종들에 대한 말씀이다. "나의 하나님 여호와께서 임하실 것이요 모든 거룩한 자가 주와 함께하리라"(슥 14:5). 이처럼 세상 끝 날에 하나님께서 그분의 일을 위하여 정결하고 거룩한 종들을 세우시고, 그들에게 그분의 일을 보여 주시고 말씀하심으로 열방 추수의 사명을 완수하게 하신다. 주인이 명하지 않았는데 어떤 일을 자기 마음대로 하고, 주인이 가라 하지 않았는데 임의로 달려가는 종은 없다. 또 왕이 행차하지 않았는데 먼저 달려가는 수하도 없다. 내 일이 아니고 주인의 일이기 때문이다.

이렇듯 주님께서 말씀하시는 것을 듣고 보여 주시는 것을 보기 위해 '행함(Doing)'보다 '됨(Being)'이 요구된다. 이것은 주님과의 친밀함을 통해 이루어진다. 그래서 모든 사역의 열매는 결국 친밀함에서 나오는 것이다. 주님께서 "내 안에 거하라 나도 너희 안에 거하리라 가지가 포도나무에 붙어 있지 아니하면 절로 과실을 맺을 수 없음 같이 너희도 내 안에 있지 아니하면 그러하리라 나는 포도나무요 너희는 가지니 저가 내 안에, 내가 저 안에 있으면 이 사람은 과실을 많이 맺나니 나를 떠나서는 너희가 아무것도 할 수 없음이라"(요 15:4-5)고 하셨다.

이 책은 성령받고 사명받아 기도하면서 주님이 주신 능력과 나의 열정으로 일했지만, 15년 전 주님의 음성이 임한 후에는 나의 일을 쉬고 주님이 보여 주시고 하라고 하신 일을 하면서 배우고 경험한 사역의 과정과 결과를 기록한 것이다. 이제 어두움이 땅을 덮고 캄캄함이 만민을 가리는 정말 자신의 힘으로는 감당할 수 없는 마지막 때가 되었다. 이는 하나님이 행하시는 초자연적이며 창조적인 일들을 행할 수 있는 시대가 되었다는 말이다. 이를 위해 일어나서 빛을 발해야 한다.

이 글이 하나님의 음성을 듣고 사역하는 대제사장적이요, 선지자적 부르심에 응답하려는 분들에게 도움이 되었으면 한다. 대제사장은 에봇에 있는 우림과 둠밈을 통해 하나님께 듣기 때문이다.

주 여호와께서는 자기의 비밀을 그 종 선지자들에게 보이지 아니하시고는 결코 행하심이 없으시리라(암 3:7).

일곱째 천사가 소리 내는 날 그 나팔을 불게 될 때에 하나님의 비밀이 그 종 선지자들에게 전하신 복음과 같이 이루리라(계 10:7).

하나님의 리콜 운동
2021. 9. 30
전두승 목사

1장

하나님의
음성

큰 것의 의미를 알려 주심

불세례가 임하고 하나님의 영광을 경험하는 동안 시대적이고 나의 삶의 목적과 궁극적인 사명에 대한 장차 일어날 많은 일을 꿈과 환상으로 보여 주셨다. 그것은 '운동(Movement)'이라고 하셨고 하나님이 하시는 일이라고 하셨다.

"네가 믿으면 하나님의 영광을 보리라!"

"하나님의 리콜 운동을 하라!"

"한꺼번에 부흥이 일어날 것이다! 은사는 더할 것이다! 부흥이 올 때는 모든 것을 사랑으로 한다!"

"이 부흥은 내가 원하는 것이다. 이 일은 내 일이다."

그리고 한 가지 공통점은 계속 큰 것을 보여 주신 것이다. 여러 꿈에서 그리고 킹덤 빌더즈 집회와 훈련에 참여한 이들이 공통으로 큰 것에 대한 꿈과 환상과 음성을 반복적으로 들었다. 큰 고기, 큰 그물, 큰 파도, 큰 바다, 큰 배, 큰 버스, 큰 비행기, 큰 집, 큰 성전, 큰 빌딩, 큰 키보드, 큰 극장, 큰 경기장, 큰 비행장 등등. 다 기억할 수 없을 정도로 많고 큰 것들이었다. 이것이 의미하는 큰 부흥과 하나님의 크신 마지막 역사임을 의심 없이 믿게 되었다. 그럼에도 불구하고 이 일이 자기들 생각보다 빨리 일어나지 않아서 동일한 꿈을 꾼 초창기 청년들, 집사님들, 심지어 목사님들까지 하나님께서 주신 비전을 간직하지 못하고 떠나는 것을 보았다. 중요한 것은 하나님의 눈으로 전체적인 그림을 볼 수 있어야 한다는 것이다. 그리고 시대적인 관점에서 때를 분별할 수 있어야 한다. 자신들이 본 단편적인 꿈이 전부인 줄 알고 자기 생각대로 이루어지지 않는다고 포기하면, 부흥의 열차에 탔다가도 출발 전에 내리는 꼴이 된다. 또한 그때를 위해 하나님이 쓰실 정결한 그릇으로 준비되지 않으면 안 된다.

하나님은 말씀하시고 반드시 성취하신다. 심지어 하나님이 하시겠다고 하신 것은 기도하지 않아도 반드시 이루어진다. 하나님께서 그 부흥을 시작하시면, 준비되지 않은 사람은 제외하실 것이다. 그러므로 하나님께 꿈과 비전을 받는 것도 중요하지만, 잘 간직하고 그 약속이 시작되기까지 믿음과 성품을 준비하고 끝까지 인내하는 것이 무엇보다도 중요하다. 이런 맥락에서 큰 부흥의 약속 성취가 사람들이 생각하는 것보다 더디 올 수 있음을 미리 알려 주시고 그 의미를 오래전에 말씀해 주셨다. 2009년 1월 14일 꿈에 항공모함, 빌딩, 군 기지를 보여 주시면서 주신 음성이다.

"큰 사명은 큰 믿음을 요구하고, 큰 믿음은 큰 책임을 위한 것이고, 큰 책임은 큰 인내를 요구한다."

이제 시작이다. 앞으로 수년간 하나님의 크신 역사와 약속의 성취를 보게 될 것이다. 하나님의 큰 운동이다(Big Move of God).

'유혹'이라고 들려온 내적 음성

2015년의 일이다. 다민족 기도회 한인 코디네이터로 일할 당시 남미계 동원 코디네이터 중 한 사람인 여성 사역자가 같이 식사를 하자고 하였다. 치과 의사이며 인도네시아 출신의 여성 목사와 같이 나온다는 것이다. 둘 다 잘 아는 사이이며 엊그제 같이 만났는데 새삼스럽게 무슨 식사 대접을 한다고 할까 의아해하며 식당에 갔다. 그런데 그들이 도착하기도 전에 데이비드 ○○○ 목사가 젊은 부목사와 함께 들어오는 것이다.

그는 몇 년 전 한국의 어느 교회 집회에서 700억이라는 큰 헌금이 들어올 것을 예언했고, 실제로 이틀 후에 한 실업가가 그 액수의 절반을 헌금하고 한 달 후에 나머지를 헌금했다고 한다. 그런데 나중에 헌금 문제로 그 교회와 서로 비방하며 다투는 사이가 되었다고 전해 들었다. 다민족 기도회 지도자 모임에 여러 번 온 적이 있어 알고는 있었지만, 그 사람이 왜 나를 만나러 왔을까 의아하게 생각할 때 '유혹'이라는 두 글자가 내적 음성으로 들려왔다. 사실 이전에도 몇 차례 내게 접근한 적이 있지만, 들은 음성이 있어서 꺼리고 있었는데 나를 잘 아는 사역자를 통해 만남을 주선한 것이었다.

인사를 하고 잠깐 통화 좀 하겠다고 말하고 밖으로 나왔다. 그리고 이런 상황을 알만한 한국에 있는 목사에게 전화했다. 그 목사는 자기는 양쪽 말을 다 들어보지 못해서 판단하기 어려우니 잘 생각해서 처신하라고 말해 주었다.

이 부흥사는 방황하던 열아홉 살에 주님의 얼굴을 보고 회심한 후 사역자가 되었다. 20여 년이 지난 후, 그때의 체험을 책으로 출판하였고 그 책이 한국에서 번역되어 출간되었다. 이 책을 본 한국의 어느 큰 교회에서 그를 초청하였고, 집회에는 만여 명이 넘게 모였다. 그리고 이틀 안에 큰 헌금할 사람이 올 것이라는 예언을 했는데 담임 목사가 믿지 않자, 만일 그런 일이 일어나지 않으면 집회를 그만두겠다고 하였다. 실제로 이틀 만에 중견 기업가가 찾아와서 헌금을 하였다. 그는 예언이 이루어지자 담임 목사와 상의도 하지 않고 하나님께서 집회를 한 주 더 연장하라고 하셨다고 설교 시간에 선포하였다. 담임 목사는 그의 즉흥적인 행동이 마음에 걸렸지만, 한 주간 연장하기로 하였다. 연장 집회가 시작되면서 지금부터 나오는 헌금은 자기 선교회의 것으로 하겠다고 말하는 바람에 담임 목사는 그 집회를 취소했다. 그로 인해 서로를 비방하는 좋지 않은 관계가 되었다. 그래도 70여 명의 목사가 호텔까지 따라와 같이 집회하자고 하였고, 어떤 단체에서 그를 초청했을 때는 수십여 명의 목사들이 모였고 서로 주도권 다툼을 했다는 것이다. 그 뒤로 들은 소문에 의하면, 수백억의 선교센터를 짓고 같이 사역할 것같이 말하고, 그 일에 한자리 차지하려고 많은 목회자가 따라다녔다는 것이다.

그는 한국 교회가 헌금을 많이 한다는 것을 안 것이다. 그는 나에게 한인 교회 집회를 같이하자고 정식으로 제안했다. 그리고 미국과 한국, 유럽에 있는 교회들까지 집회 주선을 해달라는 것이다. 수년간 다민족 기도회의 한인 코디네이터로 때로는 수천, 때로는 만 명도 넘게 동원하고 많은 지도자와 목회자들을 아는 나의 인맥과 집회 동원 경험으로 한인 교회와 연결해 주면 물질로 보상해 주겠다는 유혹이었다.

'유혹'의 사전적 의미는 "꾀어서 정신을 혼미하게 하거나 좋지 아니한 길로 이끎"이다. 보통은 이성이나 돈, 뇌물을 사용한 유혹이 가장 많다. 유혹은 가장 취약점을 노려 찾아온다. 하나님을 기다리는 동안에 재정적인 어려움을 겪고 있던 나에게 그것은 충분히 유혹으로 다가올 만한 제안이었다. 그러나 그런 성품도 아니거니와 아무리 어려워도 하나님께 받은 비전과 사명이 있는 내가 지금 와서 돈 때문에 참인지 거짓인지 분간도 되지 않는 사람의 일을 앞장서서 할 일은 아니라고 생각했다. 그리고 그가 들어오자마자 '유혹'이라고 들려온 음성의 그 제안은 재고할 가치조차 없다는 의미였다.

그 자리에서 그는 나를 위해 기도해 주었고 "하나님이 너에게 800만 불을 주신다"는 말을 하였다. 그러나 수년이 지난 지금까지 이루어지지 않았다. 아마도 자기와 같이 일하면 준다는 말인가 생각하며 혼자 웃었다. 그 후에도 여러 번 전화로 연락이 왔고 한두 번 만나기도 했지만, 자기 요구에 응하지 않고 오히려 나를 그에게 소개한 이혼한 사역자와 하나님이 결혼하라고 했다고 말하고도 수년째 결혼하지 않고 딴짓하는 잘못을 지적하자 결국 거짓의 정체를 드러내고 저주까지 하는 것을 보았다.

유혹은 누구에게나 올 수 있다. 그것이 자기에게 필요한 것의 공급처가 될 수 있기 때문이다. 그러나 치명적인 독이 든 사과이다. 유혹인 줄 알면서도 이성이나 돈, 명예, 권력을 좇던 사람들의 말로에 대해 우리는 많이 들었다. 유혹을 이겨내지 않고는 사명의 길에서 끝까지 완주할 수 없다. 유혹을 이겨낸다는 것은 당장의 이익보다는 자기 사명과 앞날의 열매에 대한 확신에 서 있다는 것이다.

유혹은 마귀가 주는 시험이다. 하와는 뱀의 유혹에 넘어갔다. 그러나 요셉은 보디발 아내의 유혹을 물리쳤다. 여리고성 전투에서 아간은 물질의 유혹을 이겨내지 못하여 망했다. 그러나 예수님은 40일 금식 후, 굶주렸을 때 마귀가 돌로 떡을 만들어 먹으라고 한 유혹을 하나님의 말씀으로 이기셨다. 우리의 사명의 길에서 넘어지게 하는 유혹은 항상 찾아온다. 그 유혹을 받아들이거나 물리치는 것은 자신의 몫이다. 야고보서 1장 14절에 "오직 각 사람이 시험을 받는 것은 자기 욕심에 끌려 미혹됨이니"라고 하였다. 그러므로 우리를 넘어뜨리게 하는 각종 유혹을 이기려면 눈을 잘 지켜야 한다. 생각을 잘 지켜야 한다. 발걸음을 잘 지켜야 한다. 의논할 상대를 구해야 한다. 우리는 연약하기 때문에 유혹과 시험을 당할 때 주님께 기도로 도움을 구해야 한다. 예수님께서는 주기도문에서 "우리를 시험에 들게 하지 마옵시고"(마 6:13)라는 기도를 가르쳐 주셨으며, 마태복음 26장 41절에서 제자들에게 "시험에 들지 않게 깨어 있어 기도하라 마음에는 원이로되 육신이 약하도다"

라고 하셨다. 우리가 기도하면 주님은 우리의 연약함을 도우시고, 우리의 힘으로는 이겨낼 수 없는 유혹과 시험을 이기게 하시며 피할 길을 주신다.

> 사람이 감당할 시험 밖에는 너희에게 당한 것이 없나니 오직 하나님은 미쁘사 너희가 감당치 못할 시험 당함을 허락지 아니하시고 시험 당할 즈음에 또한 피할 길을 내사 너희로 능히 감당하게 하시느니라(고전 10:13).

유혹과 미혹이 횡행하는 마지막 때에 영분별의 은사를 소유하고 시시때때로 들려오는 주님의 음성을 들을 수만 있다면, 우리는 사명의 길 앞에 마귀가 놓아둔 올무에 걸려 넘어지지 않을 것이다.

오늘이 구원의 날이다

목요일 새벽 2시 48분에 계속 울려 나오는 소리에 잠을 깼다. 한국 다녀온 후, 시차 적응이 안 된 상태에서 11시 40분에 잠들었는데, 3시간 만에 깬 것이다. 깊이 잠들지 못하고 비몽사몽간에 "오늘이 구원의 날이다! 오늘이다! 오늘이다!"라는 음성이 들렸고 나중에는 "오늘이다! 오늘이다! 오늘이다!"라는 소리만 테이프 돌아가듯 들려서 자지 못하고 4시 40분에 일어났다. "오늘이다!"라는 소리만 수십 번 들은 것 같다. 그렇다. 구원은 오늘이요, 지금이다.

가라사대 내가 은혜 베풀 때에 너를 듣고 구원의 날에 너를 도왔다 하셨으니 보라 지금은 은혜 받을만한 때요 보라 지금은 구원의 날이로다 우리가 이 직책이 훼방을 받지 않게 하려고 무엇에든지 아무에게도 거리끼지 않게 하고(고후 6:2-3).

때가 급하고 약속의 성취가 가깝다는 것을 느끼고 2015년 말부터 하나님께서 생각으로 말씀하시는 일들을 노트에 적었다. 수요일 저녁에는 암, 파킨슨병, 허리 디스크, 우울증, 조울증 등 각종 병든 자들을 위한 치유 기도와 치유 사역 훈련을 한다. 지난주에는 10년 동안 임신하지 못한 분을 위해 기도하였다. 그동안 13년, 7년, 5년 동안 임신 못한 여성들이 임신하고 아이를 해산하는 일이 있었다. 수요일 저녁 기도받으러 온 분 중에 한 분이 예수님을 영접하였다. 그분은 아직 믿음이 무엇인지 모르고 교회도 가끔 다니다가 지금은 나가지 않고 있었다. 기도회를 마치고 우리 모두 그분을 위해 기도했고 응답받은 것을 말해 주었다. 그분 방에 불이 켜졌다 꺼지기를 반복하며 방에 있는 촛대와 선인장을 보여 주시면서 하나님이 다 아신다, 그를 사랑하신다는 것을 말해 주었다. 정말 그런 촛대 같은 등과 선인장이 있다고 했다. 그는 신기해하면서도 조금은 두려워했다. 직장 문제보다 본인의 영혼 구원이 더 급하고 귀중해서 하나님이 자신을 아신다는 것을 보여 주셨고, 빛이신 주님을 받아들이고 믿음생활을 해야 한다고 격려하였다. 그리고 원하는 직장의 길도 한 차원 더 높게 열릴 것을 보여 주셨다고 전달하였다.

토요일 킹덤 빌더즈 모임에 나오는 두 집사님이 치유 은사를 받기 위해 수요일에도 나왔다. 뒤에서 기도하던 한 집사님에게 하나님께서 이분에게 영접 기도시키라는 감동을 주셨다. 그래서 예수님을 구주로 영접한 기도를 해본 적이 있는지 물었다. 그런 일이 없다고 하였다. 하나님이 기도하는 사람들을 통해 자매의 상태를 보여 주신 것은 하나님이 사랑하시기 때문이라고 말해 주었다. 그리고 "예수님을 구주로 영접하겠습니까? 기도하면 구원의 빛이 들어갑니다. 그냥 따라 하면 됩니다"라고 했더니 무서워하며 다음에 하겠다는 것이다. 그래서 "다음에는 안 됩니다. 다음에 다시 온다는 보장이 없습니다. 오늘이 구원의 날입니다"라고 권면하였다. 그 집사님이 영접 기도를 안 하겠다고 할 때 가로막는 흑암의 역사에 예수님 보혈의 피를 뿌리고 대적하였다. 앞으로는 교회 잘 나오고 신앙생활 잘해야 한다고 권면하였다. 그렇다. 영혼 구원은 철저히 개인적이며, 구원은 내일도 아니고 오늘이다.

　　미국 어느 목사님은 집회에 나온 청년을 구원하라는 감동을 받고 영접시켰는데, 돌아가는 길에 사고가 나서 그날 죽었다는 것이다. 감동을 무시하지 않고 기도했을 때 그 청년에게는 그날이 구원의 날이었다. 이처럼 구원은 오늘이다. 성경에 나오는 귀한 용어가 은혜와 구원이다. 우리는 은혜로 구원을 얻었다.

　　너희가 그 은혜를 인하여 믿음으로 말미암아 구원을 얻었나니 이것이 너희에게서 난 것이 아니요 하나님의 선물이라(엡 2:8).

그 은혜의 구원이 예수 그리스도를 구세주로 영접하는 자에게 주어진다. 영접하는 자는 하나님의 자녀가 된다. 영접하는 자는 빛의 자녀가 된다.

영접하는 자 곧 그 이름을 믿는 자들에게는 하나님의 자녀가 되는 권세를 주셨으니(요 1:12).

너희가 전에는 어두움이더니 이제는 주 안에서 빛이라 빛의 자녀들처럼 행하라(엡 5:8).

그래서 그 자매의 방의 불이 켜졌다 꺼졌다 하는 것과 촛대를 보여 주신 것이다. 그리고 예수님은 일곱 촛대 사이에 다니시는 구원의 주님이시다.

몸을 돌이켜 나더러 말한 음성을 알아보려고 하여 돌이킬 때에 일곱 금 촛대를 보았는데 촛대 사이에 인자 같은 이가 발에 끌리는 옷을 입고 가슴에 금띠를 띠고(계 1:12-13).

어느 기도보다 귀중한 것은 영혼 구원 기도이다. 그것도 오늘이다. 지금은 하나님이 은혜를 베푸시는 때요, 은혜받을 만한 때다. 은혜의 히브리어 '헨'은 '하난' 곧 '불쌍히 여기다. 아랫사람에게 호의를 베풀다'에서 파생된 말로 하나님께서 경건한 자와 고생하는 자를 지켜주시고 인도해 주시는 사랑과 은총과 긍휼을 의미한다.

다시 말해, 하나님을 신실하게 믿는 자들에게 하나님께서 베풀어 주시는 은총과 축복이다. 헬라어로는 '카리스'인데 '과분한 호의, 거저 받는다'는 의미가 있다. 받을 자격이 없는 사람들에게까지 베 푸시는 하나님의 호의이다. 그래서 구원은 믿음을 통해 은혜로 말 미암은 것이다. 오늘은 구원의 날인 동시에 은혜받을 만한 때이다. 영혼 구원만 아니라 우리의 삶과 기도 제목과 재정적인 면에서 하 나님의 은혜가 임할 것이다. 오늘이다!

순댓국은 이제 그만 먹어도 되지 않겠니?

수년 전 아버지가 어린 자식 타이르듯 들려온 하나님의 음성이 다. 주님은 교회에 혼자 있을 때, 가끔 속삭이듯 말씀하신다. 아버 지의 집이기 때문이다. 예수님이 열두 살 되셨을 때, 유월절을 지 키기 위해 부모를 따라 성전이 있는 예루살렘으로 올라가셨다. 절 기가 끝나고 하룻길을 내려가면서 부모는 동행중에 예수가 있다 고 생각했는데 없자, 다시 예루살렘으로 올라가 사흘 만에 성전 에서 선생들과 묻고 이야기하는 예수를 만났다. 어머니 마리아가 "네 아버지와 내가 근심하여 너를 찾았노라"고 하자 예수께서 "내 가 내 아버지 집에 있어야 될 줄을 알지 못하셨나이까"라고 대답하 셨다(눅 2:41-49).

주님은 언제 어디서나 말씀하실 수 있다. 하지만 주님의 임재가 있는 곳, 항상 예배드리는 곳, 그분의 성전에서 더 잘 말씀하신다. 우리 아버지의 집이기 때문이다. 주님의 말씀대로 교회는 만민의 기도하는 집이다. 우리가 기도하는 것은 하나님께 아뢰는 것이다. 그만큼 주님의 응답도 기도하는 장소에서 더 잘 들리지 않겠는가?

다니엘은 하루에 세 번 자기 집에서 예루살렘을 향하여 창문을 열고 기도하였다(단 6:10). 성전을 향하여 기도한 것이다. 그가 기도하던 그 장소가 성전이었다. 성전이었던 그 집에서 하나님이 주시는 꿈을 꾸었고 해석할 수도 있었다. 사무엘은 어릴 때부터 성전 법궤 옆에 누웠다가(삼상 3:3) 하나님의 음성을 들었고 이스라엘의 첫 선지자가 되었다. 교회는 기도하는 곳이요, 조용히 주님의 음성을 들을 수 있는 곳이다. 주님의 음성을 듣기 위해서는 때로 기도를 멈추고 잠잠히 주님을 바라보고 듣기를 기대하며 귀를 기울여야 한다. 항상 그분의 성전에 머물면, 언제라도 주님의 음성이 들려올 수 있다.

왜 순댓국인가? 나는 특별히 좋아하거나 싫어하는 음식이 없다. 입이 짧아 특별히 즐기거나 많이 먹지도 않고 딱히 꺼리는 것도 없어서 현지 음식도 잘 먹는 편이다. 그런데 LA에 살면서부터 특별히 좋아하는 음식이 생겼다. 바로 순댓국이다. 우리가 좋아하는 대부분의 음식은 어릴 때부터 먹었던 음식인 경우가 많다. 자주 먹는 음식 맛에 길들여지기 때문이다. 순댓국을 좋아하게 된 이유가 그러했던 것 같다. LA에서 먼 곳에 살 때는 한 달에 두세 번 정도 한국 식당이나 마트에 갈 수 있었다. 그것도 작정하지 않으면 쉬운 일이 아니었다. 한인 타운에는 온갖 종류의 한식당이 있었다. 어느 날 우연히 신문에서 'ㅇㅇㅇ 순대' 광고를 보았다. 다른 식당에 비해 가격이 저렴한 그 식당에서는 아침 9시 전에 두 그릇을 시키면 한 그릇을 공짜로 준다는 것이다. 낮에도 두 그릇을 시키면 쑥 냉면이 서비스로 나왔다. 우리 가족이 먹기에 모자라지 않아서 자주 가다 보니 순댓국이 기호 음식이 되어 버렸다.

넉넉지 않은 경제 사정으로 이 식당의 단골이 되었다. 가끔 낮에도 아내와 함께 가서 먹었다. 당연히 메뉴는 순댓국이었고, 한 그릇 더 주는 순댓국은 아이들을 위해 포장해서 가져왔다. 가끔 순대나 수육을 추가하면 아이들도 좋아했다. 그런데 그 "순댓국은 이제 그만 먹어도 되지 않겠니?" 하시는 것이다. 그 후부터 지금까지 순댓국집 근처에도 가지 않는다.

순대에는 돼지 피와 소장이 들어간다. 피가 들어가서 그만 먹으라고 하신 건가? 순댓국을 좋아하기 전에는 선지를 넣은 돼지국밥도 가끔 먹었다. 그런데 함께 사역하던 미국 목사님이 자기는 피는 먹지 않는다고 하였다. 그 말을 듣고부터 나도 자연스럽게 선지를 빼고 먹게 되었다. 그러면서도 주말에 딸들과 같이 먹는 빨간 떡볶이와 순대는 꿀맛이었다. 그 당시 유일한 외식 메뉴였던 순댓국에 피가 들어간다는 사실을 모르지는 않았다. 국밥을 주문할 때 "선지는 빼고 주세요"라고 할 수 있고, 건져내고 먹을 수도 있지만, 순대를 먹으면서 피를 빼달라고 할 방법은 없다.

노아 홍수 이후 하나님께서 인간에게 육식을 허락하실 때, 그 생명이 되는 피째 먹지 말라(창 9:4)고 하셨다. 레위기에는 피를 먹지 말라는 말씀이 연거푸 일곱 번이나 나온다(7:27; 17:14). 신명기에도 피를 먹지 말라는 말씀이 다섯 번 나온다(12:16, 23, 24, 25; 15:23). 그리고 이 명령은 이스라엘 백성만 아니라 이방인들도 지켜야 한다고 하셨다(레 17:10-13). 사도행전 15장에 나오는 이스라엘 총회에서 이방인 회심자들의 할례 문제를 논의하면서 "다만 우상의 더러운 것과 음행과 목매어 죽인 것과 피를 멀리하라"(행 15:20)고 결정하였다. 구약에서는 피만 아니라 레위기에는 비늘과 지느러미 없는 물고기와 굽이 갈라지지 않은 짐승의 고기 먹는 것을 금하였다. 이는 제사에 사용하는 정결한 짐승은 먹을 수 있지만, 제사에 사용하지 하는 부정한 짐승은 먹을 수 없는 정결법에 해당하는 규례이다. 이것을 적용하면 고등어, 갈치, 복어, 뱀장어, 민물장어, 게, 새우류 같은 비늘 없는 절지동물이나, 달팽이, 조개, 굴, 오징어, 문어 등의 연체동물뿐 아니라, 굴젓이나 새우젓이 들어간 김치도 먹을 수 없다. 육식으로는 새김질하지 않고 굽이 갈라지지 않은 짐승은 먹지 말라고 하였다. 레위기는 여기에 해당하는 동물을 토끼, 돼지라고 하였다(11:4-8). 돼지는 굽이 갈라졌으나 새김질은 하지 않는다.

그러나 이러한 법은 십계명 같은 영구법이 아니다. 광야에서 생활하며 가나안으로 들어갈 이스라엘 백성에게 주어진 이스라엘 백성에게 적용된 법이었다. _조덕영 박사의 《창조신학》 중에서

바울 사도는 "무릇 율법 행위에 속한 자들은 저주 아래 있나니 기록된바 누구든지 율법 책에 기록된 대로 온갖 일을 항상 행하지 아니하는 자는 저주 아래 있는 자라 하였음이라 또 하나님 앞에서 아무나 율법으로 말미암아 의롭게 되지 못할 것이 분명하니 이는

의인이 믿음으로 살리라 하였음이니라"(갈 3:10-11)고 하였다.

그리고 율법은 믿음에서 난 것이 아니고 그리스도께서 율법의 저주에서 우리를 속량하셨다(갈 3:13). 또한 고린도전서 8장 8-9절에서 바울 사도는 "식물은 우리를 하나님 앞에 세우지 못하나니 우리가 먹지 아니하여도 부족함이 없고 먹어도 풍성함이 없으리라 그런즉 너희 자유함이 약한 자들에게 거치는 것이 되지 않도록 조심하라"고 하였다. 예수님은 마가복음 7장 15-16절에서 "무엇이든지 밖에서 사람에게로 들어가는 것은 능히 사람을 더럽게 하지 못하되 사람 안에서 나오는 것이 사람을 더럽게 하는 것이니라"고 하셨다. 우리는 무엇을 먹든지 마시든지 모든 것을 하나님의 영광을 위해서 해야 한다(고전 10:31). 그리고 자신에게나 믿음이 약한 사람들에게 거침이 되지 않게 해야 한다.

그러면 왜 꼭 "순댓국은 이제 그만 먹어도 되지 않겠니?"라고 말씀하셨을까? 율법에 금지된 음식들은 말씀하지 않으면서 말이다. 의심 없이, 망설임 없이 순종하는가를 보기 위해서인 것 같다. 좋아하는 것을 포기할 수 있는가를 확인하신 것이다. 주님보다 더 좋아하는 것, 사랑하는 것을 버릴 수 있는가를 보신 것이다. 주 예수를 위해 어떤 것이라도 끊을 수 있느냐는 것이다.

그때 아무 미련 없이 순식간에 입맛이 떨어진 것처럼 순종할 수 있었다. 억지로가 아니라 먹고 싶은 생각조차 없어진 것은 하나님의 은혜이다. 어차피 천국 가면 순댓국은 영원히 먹지 않을 것이고, 못 먹는다고 해도 아쉬움이 없다. 지금도 가끔 운전하면서 그 식당이 있었던 곳을 지나다 보면 생각나는 성경 구절이 있다.

그러나 무엇이든지 내게 유익하던 것을 내가 그리스도를 위하여 다 해로 여길뿐더러 또한 모든 것을 해로 여김은 내 주 그리스도 예수를 아는 지식이 가장 고상하기 때문이라 내가 그를 위하여 모든 것을 잃어버리고 배설물로 여김은 그리스도를 얻고 그 안에서 발견되려 함이니 내가 가진 의는 율법에서 난 것이 아니요 오직 그리스도를 믿음으로 말미암은 것이니 곧 믿음으로 하나님께로부터 난 의라(빌 3:7-9).

킹덤 빌더즈가 암 센터가 될 것이다

현재는 나에게 주어진 것이나, 미래는 나의 것이 아니다. 미래와 때와 기한은 오직 하나님께 속하였다. 하나님께서 허락하셔야만 그 미래를 소유할 수 있다. 그런데도 사도적이며 예언적인 교회의 특성은 미래에 대해 하나님의 음성을 듣는다는 것이다. 그 음성은 들리는 음성, 내적 음성, 꿈과 환상, 성령의 감동을 통해 주어진다. 예수님께서 말씀하시기를 "내 양은 내 음성을 들으며 나는 저희를 알며 저희는 나를 따르느니라"(요 10:27)고 하셨다. 진리의 성령이 오시면 장래 일을 너희에게 알리시리라고 하셨다(요 16:13).

하나님이 너를 택하여 너로 하여금 자기 뜻을 알게 하시며 저 의인을 보게 하시고 그 입에서 나오는 음성을 듣게 하셨으니(행 22:14).

이처럼 나에게 속하지 않은 미래에 대해 듣는다는 것은, 그 미래에 실현될 현실이 영원하신 하나님의 경륜 안에서 이미 내 것이라는 것이다. 한번은 "킹덤 빌더즈가 암을 고치는 센터가 될 것이다!"라는 사역의 앞날에 대한 예언적 음성이 들려왔다. 그리고 외롭고 힘든 광야를 중단하지 않고 걸었을 때, 같이 출발한 사람들은 대부분 힘들어 포기할 때 도착한 최종 장소에 흰 테이블과 '암을 고치는 줄'이라는 팻말이 놓여 있는 꿈을 보여 주셨다. 앞으로의 사역 방향과 결과를 보여 주신 예언적 음성과 꿈이다. 수년 전에 장래 일을 말씀해 주셨고 부단히 추구한 결과, 지금은 위암, 유방암, 안암, 임파선암 등 각종 암이 주님의 능력으로 치유되고 있다.

2014년 11월에는 50대 초반의 여자 집사님이 의사가 임파선암이라고 진단한 진단서를 가지고 찾아왔다. 오른쪽 목에 달걀만 한 혹이 생겼고 자라서 오른쪽 뺨까지 솟아 나왔다. 기도했을 때 주님이 보여 주신 것은, 암 덩어리가 두 겹의 유리로 둘러싸여 있었고 밖의 유리는 쉽게 깨져도 안의 유리는 방탄유리처럼 쉽게 깨지지 않을 것 같았다. 주님께서 "해머로 두드리면 깨진다"라고 하셨다. 그래서 해머로 두드리듯 매일 새벽에 강력하게 축사와 파쇄 기도를 하였다. 어떤 의학적 치료도 받지 않고 6일 만에 암 덩어리가 사라졌고, 2주 만에 완치되었다. 하나님이 하셨다. 할렐루야!

오늘도 병 낫기를 위해 서로 기도하면 낫는다(약 5:16). 믿음의 기도는 병든 자를 구원한다(약 5:15). 병든 자에게 손을 얹으면 낫는다(막 16:18). 들리는 음성으로 "암을 고치는 센터가 될 것이다!"라는 예언적 음성이 들려왔기에 더욱 믿음으로 기도해서 하나님의 뜻을 이룰 수 있었다.

이처럼 장래의 일을 알려 주심으로 어떤 일이 일어날 때, 염려하지 않고 믿음으로 대처하게 하실 뿐만이 아니라, 사역에 대한 방향과 방법까지도 알려 주시는 예언적 음성이 있다. 이러한 예언적 음성은 보통 꿈이나 환상으로 보여 주시고 확신을 하게 하신다. 청년과 학생들에게 예언적 음성이 들려오면 그들의 삶의 목적과 진로를 가리키는 경우가 많다. 목회자나 사역자들에게는 사역의 방향과 어떤 중대한 결정의 결과를 알려 주셔서 하나님의 인도하심에 대한 확신을 갖고 일을 추진하게 하시는 경우도 종종 있다.

요엘 선지자는 "너희 자녀들이 장래 일을 말할 것이며"(욜 2:28)라고 하였다. 그러므로 현재의 문제 해결을 위해 기도하는 차원을 넘어서서, 하나님께서 나를 통해 장차 이루기 원하시는 계획에 대해 듣는 것이 중요하다. 그것은 삶의 목적을 알게 되는 동시에, 미래에 대한 신뢰와 확신 속에 살아갈 수 있는 힘이다.

기록된 말씀과 함께 성령이 교회들에 하시는 예언적 말씀과 활동들이 주님의 교회 안에서 점점 더 그 중요성을 더하고 있다. 앞으로 점점 더 우리가 사태를 핸들링할 수 없는 시대가 올 것이다. 이를 위해 하나님께 복종하고, 그 안에서 쉬면서 결과를 기다리는 법을 배우는 것이 무엇보다 중요하다. 자신을 굴복시키고 하나님을 신뢰하며 그분에게 맡기고, 그분과의 연합 가운데 안식을 누리는 단계에 이른 자만이 장래 일에 대한 하나님의 음성을 듣고, 하나님이 하시는 일들에 대한 결과를 열매로 얻게 될 것이다. 가만히 있어 하나님의 음성을 들을 때, 하나님이 하나님 되심을 알게 되고 그 하나님께서 높임을 받게 된다.

이르시기를 너희는 가만히 있어 내가 하나님 됨을 알지어다 내가
뭇 나라 중에서 높임을 받으리라 내가 세계 중에서 높임을 받으리
라 하시도다(시 46:10).

종은 오직 주인의 음성과 분부가 있을 때 일어서고 행동한다.
하나님의 음성을 듣고 복종하고 그 안에서 쉬는 것은 그분의 백성
이 주인이신 하나님의 뜻을 이루는 첩경이다. 쉰다는 것은 하나님
과의 친밀한 관계를 맺는다는 것이요, 그 안에서 지속해서 그분의
음성을 듣는다는 것이다. 그것의 연속이 하나님의 약속을 충만하
게 받는 비결이 되며, 영적으로 풍성한 열매와 수확을 얻게 되는
결과로 나타난다. 하나님의 장래 일에 대한 전략과 지침을 듣는 자
는 이미 세상에 파견된 하나님 나라의 디렉터이다.

그러하나 진리의 성령이 오시면 그가 너희를 모든 진리 가운데로
인도하시리니 그가 자의로 말하지 않고 오직 듣는 것을 말하시며
장래 일을 너희에게 알리시리라(요 16:13).

와샤라 칼라 바이라

방언 은사를 받은 신자들은 방언 통역 은사를 구해야 한다. 방
언하는 사람들은 많아도 방언 통역 은사를 받은 사람은 극히 적음
은 방언 은사와는 또 다른 은사이기 때문이다. 고린도전서 12장
10절에 "어떤 이에게는 능력 행함을 어떤 이에게는 예언함을 어떤

이에게는 영들 분별함을 어떤 이에게는 각종 방언 말함을 어떤 이에게는 방언들 통역함을 주시나니"라고 하였다. 방언은 하나님과 교통하는 영의 언어요, 기도의 언어로서 자신의 덕(믿음)을 세우는 것이다(고전 14:4). 그러나 교회나 모임에서 방언을 통역하면 그것은 교회의 덕(믿음)을 세우는 예언 같은 역할을 한다. 그러므로 방언하는 자들은 통역하기를 구해야 한다(고전 12:13). 방언 통역 은사가 없어도 방언을 오래 하는 사람들은 자기가 하는 방언 중에 같은 방언을 말하는 것의 의미 정도는 알면 굉장히 유익하다. 그것이 자신을 향한 하나님의 뜻이요, 사명일 수 있다. 왜냐하면 자신의 영이 간절히 기도하기 때문이다.

어느 때는 사역 중에 방언 기도를 하라 하고 반복되고 강조되는 부분만 알려 주어도 그동안 얼마나 자신의 영이 간절하게 그것을 기도했는지 알게 되고, 그것을 시작으로 점차 영으로 기도하면서 무엇을 기도하는지 알게 되는 단계로 들어갈 수 있다.

캄보디아에서 선교하다 안식년으로 미국에 온 신학교 동기가 기도만 하면 "둘람마리 둘람마리"라고 하였다. 나는 그의 방언이 "내 몸을 주님께 드립니다. 내 몸을 주님께 드립니다"라는 의미라고 알려 주었다. 30년 전에 핍박이 심한 파키스탄에 가서 지금까지 순교 정신으로 사역한 기도였던 것을 알게 되어 격려받았다.

중·고등학교 방학 때, 거제도 기도원 집에 가면 머리맡에서 어머니가 반복적으로 하던 방언 "몰미스 몰미스"는 "주님을 믿습니다. 주님을 믿습니다"라는 기도라는 것도 알게 되었다. 기도하면서도 모든 것을 맡기는 믿음이 없고 염려하자 영이 반복적으로 "주님을 믿습니다. 주님을 믿습니다"라고 고백하는 것이다. 이 말을 지금도 나를 위해 기도하시는 90세 되신 어머니께 알려 드렸다. 방언 통역 은사를 구하고 받으면 교회의 유익을 위해 쓰임받을 수 있다. 그러나 이것을 인정하고 사역하게 하는 교회는 거의 없다. 여기에서 말하는 교회는 이 은사를 인정하고 공증받을 수 있으며 사용할 수 있는 모임이나 사역이다.

나도 고등학교 3학년 때 성령세례를 받고 방언이 터져 나온 이후 수십 년 동안 방언을 하면서도 그 뜻을 알지 못했다. 그런데 불세례와 하나님의 영광을 체험한 순간 뜻도 모르고 하던 방언이 한국 말로 들려왔다. "와샤라 칼라 바이라 샬라 칼라 와이 사르카 홧살라 칸나 칼라—남이 가지 않는 길을 가게 하시고, 남이 하지 않는 일을 하게 하시고."

"남이 가지 않는 길을 가게 하시고, 남이 하지 않는 일을 하게 하시고" 이 기도는 성령세례를 받고 기도할 때부터 내 입에서 나왔던 기도였다. 기도만 하면 습관적으로 나오던 한국 말 기도를 지난 수십 년간 방언으로도 기도했다. 방언은 영으로 하나님께 말하는 것이다. 처음 방언을 하면서 그 방언의 의미를 한국 말로 이미 기도하고 있었다. 그러나 반복적인 방언이 항상 내 입에서 나왔던 그 기도였다는 것은 나중에 방언 통역이 된 후에 비로소 알았다.

네팔 선교지에 있었던 32세 때 "네 삶은 훈련이 될 것이다"라는 세미한 음성이 들려왔다. 그리고 오랜 세월이 흘러 성령세례 받은 지 33년 만에 불세례가 임하고 하나님의 영광이 임하여 그 안에 머물기 시작한 지 15년째요, 67세가 되는 2020년 1월 1일에 "지금까지가 준비였다"라는 음성을 들었다. 정말 그 기도와 방언대로 "남이 가지 않는 길을 가게" 하셨으며, 지금 남이 하지 않는 하나님의 최신 일, 하나님의 리콜 운동을 하게 하시는 것이다. 그래서 일반적인 목회와 교수 사역의 기회를 막으시고 길 없는 곳에 길을 만들며 산에 터널을 뚫으며 남이 가지 않는 길을 가게 하신 것이다. 주님의 재림이 임박한 때 그분의 길을 예비하는 영광의 통로로 준비되게 하신 것이다. 하나님의 불, 하나님의 능력, 하나님의 영광을 통한 회복과 마지막 열방 대추수를 위해서이다. 그것을 확증해 주듯이 10여 년 전 수백 명이 모인 외국 집회에서 강사가 설교 중에 나에게로 오더니 이사야서 40장 3-5절을 선포하는 것이다.

> 외치는 자의 소리여 가로되 너희는 광야에서 여호와의 길을 예비하라 사막에서 우리 하나님의 대로를 평탄케 하라 골짜기마다 돋우어지며 산마다, 작은 산마다 낮아지며 고르지 않은 곳이 평탄케 되며 험한 곳이 평지가 될 것이요 여호와의 영광이 나타나고 모든 육체가 그것을 함께 보리라 대저 여호와의 입이 말씀하셨느니라.

이제 남은 것은 남이 하지 않는, 하지 못하는 이 마지막 때 하나님이 하시는 영광과 능력의 통로로서 하나님의 최신 일을 하게 되었으니 내 평생 영과 소원의 기도대로 하나님의 뜻을 다 이루는 삶을 살면 그 끝이 좋을 것이다.

방언 통역 은사를 구하자. 최소한 오랫동안 반복적으로 하는 영의 기도의 뜻을 알게 되면 다를 것이다. 주님을 간절히 구하면서도 실망하고 낙망하는 일을 멈추게 될 것이다.

이와 같이 성령도 우리 연약함을 도우시나니 우리가 마땅히 빌바를 알지 못하나 오직 성령이 말할 수 없는 탄식으로 우리를 위하여 친히 간구하시느니라 마음을 감찰하시는 이가 성령의 생각을 아시나니 이는 성령이 하나님의 뜻대로 성도를 위하여 간구하심이니라 (롬 8:26-27).

나의 달려갈 길과 주 예수께 받은 사명 곧 하나님의 은혜의 복음 증거하는 일을 마치려 함에는 나의 생명을 조금도 귀한 것으로 여기지 아니하노라(행 20:24).

내가 너를 새로운 단계로 올릴 것이다

"내 앞에 엎드려 나를 경배하라. 내가 너를 새로운 단계로 올릴 것이다."
주님을 사랑하는 자들이 하나님께서 인도하는 곳의 끝에 와 있다.

나를 또 넓은 곳으로 인도하시고 나를 기뻐하심으로 구원하셨도다 (시 18:19).

내가 고통 중에 여호와께 부르짖었더니 여호와께서 응답하시고 나를 광활한 곳에 세우셨도다 여호와는 내 편이시라 내게 두려움이 없나니 사람이 내게 어찌할꼬(시 118:5-6).

그동안 도저히 넘지 못할 것 같은 높은 산을 여러 개 넘어 이제야 평원에 도착하였다. 이곳이 우리의 장소이며, 이곳에 평화와 기쁨이 있다. 그러므로 지난날의 스트레스와 근심을 떠나게 하라. 이전 것은 지나갔으니 보라 새것이 되었다. 염려와 두려움이 들어오지 못하도록 하라. 하나님께서 새로운 일을 행하신다. 그러한 것들은 하나님께서 우리에게 허락하신 넓은 장소에서는 설 곳이 없다. 편안히 하고 안식하라.

수고하고 무거운 짐진 자들아 다 내게로 오라 내가 너희를 쉬게 하리라(마 11:28).

"너는 나의 시간과 길 안에서 수도관이요, 통로이다. 그러므로 평안히 하고 안식하라. 전쟁은 나의 것이지, 너의 것이 아니다."

야하시엘이 가로되 온 유다와 예루살렘 거민과 여호사밧왕이여 들을지어다 여호와께서 너희에게 말씀하시기를 이 큰 무리로 인하여 두려워하거나 놀라지 말라 이 전쟁이 너희에게 속한 것이 아니요 하나님께 속한 것이니라(대하 20:15).

"너희 중에 많은 사람이 내가 데려가고자 하는 곳의 끝에 와 있다. 내가 뛰어내리라고 할 때 뛰어내리기를 망설이지 마라. 내가 너를 붙잡아 새로운 단계로 올릴 것이다. 듣기를 준비하라. 그 단계에서 내가 너에게 많은 지침을 줄 것이다. 내가 너를 축복함 같이 네 주변 사람들을 축복하라. 네가 갈 곳이 무한정이다. 믿음으로 첫걸음을 내딛는 일만 하면 된다. 서로 격려하고 부정적인 생각을 하지 마라. 서로 돌아보고 두려워하지 마라. 두려워하는 것을 멈추라. 이는 적에게서 온 것이다. 나는 나의 평화, 기쁨, 은혜와 사랑을 주기 원한다. 나의 평화와 나의 기쁨 안에 머물러라. 두려움이나 근심이 자리 잡지 못하게 하라. 나의 말을 들어라. 나의 말은 사랑이 가득하다. 내가 이제 흔들어 넘치게 부어 줄 것을 기대하라(눅 6:38). 너는 나의 변화의 에이전트이다. 내가 너를 돌볼 것이다. 네가 나의 평화 안에서 활동할 때 변화가 올 것이다. 내가 너에게 부를 불러낸다. 내 앞에 엎드려 경배하라. 내가 너를 새로운 단계 위로 올릴 것이다. 내가 너를 위해 그 문들을 열 것이다."

볼지어다 내가 네 앞에 열린 문을 두었으되 능히 닫을 사람이 없으리라(계 3:8).

"너는 건너편에 무엇이 있는지에 놀랄 것이다. 너는 이제 새로운 단계로 발을 들여놓을 것이다. 내가 너를 위해 열어 놓은 문 건너편에 놀라운 일이 있다. 나는 너의 좋은 아버지요, 내가 너를 보호한다는 것을 추호도 잊지 마라. 너는 나의 눈의 눈동자요, 나의 손의 손바닥이요, 내가 허락하지 않는 어떤 것도 너에게 미치지 못할 것이다. 내가 너를 사랑한다."

영적 보호막(Spiritual Blanket)

2016년 제5차 킹덤 빌더즈 집회 및 훈련 전날인 11월 18일 금요일 새벽에 "Spiritual Blanket"이라는 음성을 들었다. 들어 본 적도, 누군가의 글에서도 읽은 적도 없는 성령의 음성이었다. 3월 1차 방문 때 성령의 감동으로 "통곡이 시작되게 해주세요." 5월 2차 방문 때 "통곡이 일어나게 해주세요"라고 기도하고 왔을 때, 3월 인천 마가의 다락방 집회에서 통곡이 시작되었고, 5월 신정동 집회에서 참석한 사람들 가운데 두 명만 빼고 통곡이 일어났다. 영광이 임하고 '영적 돌파(파라쯔)'가 일어난 것이다. 7월 3차 때는 '영적 임재(주님의 임재, 파루시아)'가 일어났고, 9월 4차 때는 '영광의 현현(플레로마)'이 눈에 보이게 나타났다.

2016년 11월 15일 킹덤 빌더즈 카페에 올린 가족 휴가 중에 들은 'Spiritual Upgrade(영적 향상)'와 11월 5차 방문 전에 들은 'Spiritual Blanket(영적 보호막)'은 서로 연관되어 있고 자연적이 아니라, 영적인 것에 대한 음성이었다. 그리고 하나님의 음성이 점진적으로 주어졌다. 'Spiritual Blanket'을 들었을 때, 영적으로 이불 덮듯이 보호한다는 것임을 어렴풋이 알았으나, 구체적인 의미가 무엇인지, 이번 방문 때 있을 어떤 일을 위한 것이라고는 생각하지 못했다. 그러다가 11월 5차 방문 때 서울의 한 전철역에서 심근경색으로 쓰러졌고, 심장 혈관에 스텐트 시술을 받은 후에야 영적 보호막(나를 위한 중보 기도)이 필요하다는 것을 말한 것임을 알았다.

갑자기 찬바람이 '훅' 하고 들어오며 오른쪽에서 죽음의 회색 그림자가 다가오는 것을 보는 순간, 숨이 멎는 듯한 통증을 느끼며 허리가 꺾였고 순간적으로 속으로 "하나님, 도와주세요. 하나님, 도와주세요" 하고 부르짖었다. 세 번의 심장 쇼크 후 9일이 지난 후에 심장 혈관에 두 개의 스텐트 수술을 받았지만, 하나님이 영적 보호막으로 덮으셔서 살게 되었다.

평소에 하나님의 음성을 들으면 하루 이틀이나 일주일 내에 그것의 영적 의미와 실제적 경험을 쓰는 편인데, 이번에는 차일피일 미루게 되었는데 죽을 뻔한 이 일까지 쓰게 하신 하나님의 계획이었다. 그리고 개인 차원에서 빛 가운데 있으면 어둠이 물러가고 내가 의로움과 거룩함에 머물면 원수가 공격할 수 없다고 했다. 이런 경험을 하면서 영광의 영역으로 들어가는 길을 방해하는 세력과 지역 영들의 공격을 받을 수 있으니 영적 보호막인 중보 기도가 필요하다는 것을 절실히 깨닫게 되었다.

실은 WCC 참여와 가톨릭과의 일치에 앞장서고 세습 문제로 시끄러운 한 대형 교회가 어떻게 예배드리는지 알고 싶어서 누구에게 알리지도 않고 혼자 주일 아침 예배에 가던 길에 일어난 일이다. 나중에 이 일을 알게 된 어떤 분이 "목사님, 왜 혼자 그곳에 가셨어요? 최소한 삼백 명의 중보자와 같이 가셨어야 하지요!"라고 하였다. 그러나 위급한 순간에 주님이 보호하셨다. 주님이 우리의 영적 보호막이다. 쓰러지면서 "하나님, 도와주세요!" 긴급 SOS를 요청했을 때 그분이 도우셨다. 하나님이 나의 피난처요, 영적 보호막이다. 성령의 기름 부음이 영적 보호막이다. 나를 지도하는 영적 스승이 나의 영적 보호막이다. 그리고 자신과 사역을 위해 중보 기도하는 팀이 영적 보호막이다.

성령 충만한 바울 사도도 유대인들의 반대와 공격을 받아 죽을 고비를 수없이 넘겼다. 그는 이러한 영적 보호막의 필요를 알았기 때문에 성도들에게 자기를 위해 기도해 달라고 부탁한 것이다. 아니나 다를까 아내가 말하기를 내가 한국 집회 나올 때마다 나를 위해 교회에서 중보하던 전도사님이 이번에는 철야를 하지 않았다는 것이다. 이 일을 계기로 다음부터는 나를 위한 영적 보호막(중보 기도자)으로 아내와 함께 와야겠다는 감동을 주셨다. 이런 일들을 통해 나오기 직전에 들은 'Spiritual Blanket(영적 보호막, 이불)'의 의미를 알게 되었고, 적에 대한 역공격으로 계획에 없던 1월 방문을 결정하게 되었다. 주님도 십자가를 앞두시고 겟세마네 동산에서 베드로, 요한, 야고보에게 "내 마음이 심히 고민하여 죽게 되었으니 너희는 여기 머물러 나와 함께 깨어 있으라"(마 26:38) 하시며 자신을 위한 기도를 부탁하셨다.

'Spiritual Blanket(영적 보호막, 이불)'은 누구에게나 필요하다. 추운 겨울에 두꺼운 이불이 필요하듯이, 흑암이 깊어지고 어두움이 온 세상을 덮는 영적 겨울에는 무엇보다도 두꺼운 영적 이불이 필요하다. 우리가 서로 이불을 덮어 주듯이 서로의 영적 보호막이 되자.

형제들아 내가 우리 주 예수 그리스도로 말미암고 성령의 사랑으로 말미암아 너희를 권하노니 너희 기도에 나와 힘을 같이하여 나를 위하여 하나님께 빌어 나로 유대에 순종치 아니하는 자들에게서 구원을 받게 하고 또 예루살렘에 대한 나의 섬기는 일을 성도들이 받음직하게 하고 나로 하나님의 뜻을 좇아 기쁨으로 너희에게 나아가 너희와 함께 편히 쉬게 하라 평강의 하나님께서 너희 모든 사람과 함께 계실지어다 아멘(롬 15:30–33).

영적 향상(Spiritual Upgrade)

포시즌스와 리츠 칼튼, 페닌슐라 등이 파이브 스타 호텔이다. 최근 서울 광화문에 포시즌스 호텔이 문을 열었고, 베벌리힐스 포시즌스보다 더 좋다는 소문을 들었다. 나는 호텔에서 근무하는 사위 덕분에 여러 지역의 포시즌스 호텔에 가보았다. 큰 사위가 근무하는 포시즌스 호텔은 오스카 시상식이 열리면 세계적인 스타와 유명 영화 관계자들이 머무른다. 중동의 왕족들은 하룻밤에 수천 불을 지불하며 한 층 전체를 얻기도 한다고 한다.

우리가 사는 세상에는 모든 것에 수준이 있다. 호텔이나 고급 식당은 시설이나 서비스 수준에 따라, 고객 만족도에 따라 등급이 매겨진다. 5성급 호텔은 1,000점 만점에 900점 이상이 되어야 한다. 양옆에 도열하듯이 불이 켜지고 황금색의 고급스러운 긴 복도를 걸으면서 떠오른 생각이 '영적 향상(Spiritual Upgrade)'이었다.

한국도 경제 수준이 높아져 많은 것이 향상되었다. 주택, 차, 도로, 가전제품, 주방제품 등 모든 것이 업그레이드되었다. 사전적 의미의 '업그레이드(upgrade)'는 최신 버전의 동일 제품으로 교체하는 과정을 말한다. 한마디로 좋은 것으로의 개선이요, 질과 등급이 향상되는 것이다. 그런 의미에서 우리의 신앙도 업그레이드되어야 하지 않을까? 업그레이드되지 못하고 처음보다 침체하고 후퇴하면, 나중에는 수리나 개선이 힘들 정도로 무너지고 말 것이다.

우리는 하나님의 자녀로서 영원한 것에 가치를 두고 위에 것을 찾아야 하는 하늘의 백성이다. 우리의 육체와 세상은 아무리 업그레이드해도 결국 점점 쇠락하지만, 주님을 향한 우리의 믿음과 영적 삶은 날마다 새로워지고 더욱더 향상될 수 있다. 하늘에 소망을 둔 보이지 않는 영적 가치와 재산은 영원하기 때문이다. 다윗의 재산을 현재 가치로 환산하면 343조 정도라고 한다. 역사상 가장 많은 재산을 소유했던 다윗이다. 세계 최고의 부자 빌 게이츠 재산이 2014년 기준 760억 달러로 약 80조 정도이다. 빌 게이츠보다 네 배나 더 많다. 그런 다윗이 원하고 추구한 것이 있었으니, 바로 주의 얼굴과 영광이었다. 이는 그가 가진 금은과 세상의 보화로도 살 수 없는 것이다. 그리고 세상의 어떤 권세와 영화와도 비교할 수 없고 차원이 다른 아름답고 영화로운 것이다. 하나님의 영광, 곧 그분의 아름다움이다(사 35:2). 그곳으로 가는 길은 거룩한 길, 하나님의 대로이다.

거기 대로가 있어 그 길을 거룩한 길이라 일컫는바 되리니 깨끗지 못한 자는 지나지 못하겠고 오직 구속함을 입은 자들을 위하여 있게 된 것이라 우매한 행인은 그 길을 범치 못할 것이며(사 35:8).

외치는 자의 소리여 가로되 너희는 광야에서 여호와의 길을 예비하라 사막에서 우리 하나님의 대로를 평탄케 하라(사 40:3).

이사야 선지자가 말한 구속함을 받은 우리가 걸어가는 거룩한 길은 여호와의 길이요, 하나님의 대로이다. 영적 업그레이드를 통해 우리가 그 거룩한 길을 걸을 뿐 아니라, 주님 재림의 길을 준비하는 것이다. 매일매일 거룩한 길을 걷는 영적 업그레이드를 이루자.

영적 상승(Spiritual Upgrade)

2016년 5차 킹덤 빌더즈 한국 집회 방문 전에 가족 휴가를 갔다. 포시즌스 호텔에서 "Spiritual Upgrade"라는 내적 음성을 들었다. 그때 "우리의 신앙이 업그레이드되어야 한다. 보다 더 거룩한 삶을 살아야 한다"라고 간단하게 글을 쓴 다음, '어떻게 해야 우리의 믿음과 주님과 동행하는 삶이 업그레이드될 수 있을까?'를 묵상하였다. 그러다가 11월 한국 방문에서 생각지 못한 영적 공격과 건강상의 어려움을 겪으면서 경험한 영적 업그레이드이다. 업그레이드는 앞에서 말했듯이 어떤 제품의 품질이 개선되고 향상되는 것을 의미한다. 우리의 신앙은 퇴보해서도 정체해서도 안 된다. 고인 물은 썩기 마련이고, 쓰지 않는 기계는 녹슬기 마련이다. 아주 오래전에 "신앙은 자전거와 같다"는 말을 들은 적이 있다. 뒤로 갈 수 없고 서면 넘어진다. 오직 앞으로만 가야 한다. 바울 사도는 "형제들아 나는 내가 아직 잡은 줄로 여기지 아니하고 오직 한 일

즉 뒤에 있는 것은 잊어버리고 앞에 있는 것을 잡으려고 푯대를 향하여 그리스도 예수 안에서 하나님이 위에서 부르신 부름의 상을 위하여 달려가노라"(빌 3:13-14)고 하였다.

하나님의 품에서 멀리 떠나 방황하는 자들은 이제 아버지의 집으로 돌아와야 한다. 잠자던 자들은 이제 깰 때가 되었다. 오래 주저앉아 있는 자들은 이제 일어나야 한다. 걷던 자들은 뛰어야 한다. 뛰던 자들은 이제 날아야 한다. 시대가 악해질수록 영적 업그레이드가 필요하다.

> 소년이라도 피곤하며 곤비하며 장정이라도 넘어지며 자빠지되 오직 여호와를 앙망하는 자는 새 힘을 얻으리니 독수리의 날개치며 올라감 같을 것이요 달음박질하여도 곤비치 아니하겠고 걸어가도 피곤치 아니하리로다(사 40:30-31).

> 주 여호와는 나의 힘이시라 나의 발을 사슴과 같게 하사 나로 나의 높은 곳에 다니게 하시리로다(합 3:19).

그러면 어떻게 영적 업그레이드를 이룰 수 있을까? 첫째, 하나님의 부르시는 음성을 들을 때 업그레이드된다. 하나님께서 아브라함을 갈대아 우르에서 불렀을 때, 그는 복의 근원으로, 열국의 아비로 업그레이드되었다.

> 여호와께서 아브람에게 이르시되 너는 너의 본토 친척 아비 집을

떠나 내가 네게 지시할 땅으로 가라 내가 너로 큰 민족을 이루고 네게 복을 주어 네 이름을 창대케 하리니 너는 복의 근원이 될지라 (창 12:1-2).

아브람이 엎드린대 하나님이 또 그에게 일러 가라사대 내가 너와 내 언약을 세우니 너는 열국의 아비가 될지라 이제 후로는 네 이름을 아브람이라 하지 아니하고 아브라함이라 하리니 이는 내가 너로 열국의 아비가 되게 함이니라(창 17:3-5).

모세는 과거에 이집트 공주의 아들이었다. 그는 사람을 죽이고 미디안 광야로 도망쳐서 미디안 제사장 이드로의 사위로 양을 치며 살았다. 그가 양 무리를 치다가 호렙산에 이르렀을 때 불붙는 떨기나무 가운데서 "모세야, 모세야" 부르시는 여호와의 음성을 들었다(출 3:1-4). 여호와 하나님이 그의 이름을 불렀을 때 그는 이전의 그가 아니었다. 그는 430년간 종노릇 하던 이스라엘 백성을 이집트에서 구원해 낸 이스라엘 민족의 지도자가 되었다. 하나님께서 실로의 성전에서 "사무엘아, 사무엘아" 부르셨을 때 사무엘은 이스라엘의 첫 선지자로 업그레이드되었다. 하나님께서 미디안 적군을 피해 한낮에 숨어서 밀을 타작하던 기드온에게 "큰 용사여 여호와께서 너와 함께 계시도다"(삿 6:12)라고 부르셨을 때 그는 이스라엘을 미디안 적군에게서 구원하는 사사가 되었다. 하나님께서 예수 믿는 자들을 핍박하며 그들을 잡아 죽이려고 다메섹으로 달려가던 사울을 "사울아, 사울아"(행 9:4) 부르셨을 때 그는 이방인의 사도로 부름받았다. 이 모두가 하나님의 부르시는 음성을 통한 영적 업그레이드이다. 우리도 삶의 목적과 궁극적인 사명을 위한 주님의 음성을 들을 때 우리의 믿음과 주님과의 동행의 삶에 획기적인 업그레이드를 경험하게 될 것이다. 내 경우에는 2005년 5월 31일 새벽 3시에 이마 정중앙에 레이저 광선처럼 "네가 믿으면 하나님의 영광을 보리라"는 음성이 들려왔을 때, 33년 동안 경험하지 못한 영적 업그레이드가 시작되었다.

둘째, 기름 부음을 받을 때 영적 업그레이드가 일어난다. 구약시대에 왕과 제사장과 선지자를 세울 때 성령을 상징하는 기름을 머리에 부었다. 기름 부음으로 하나님께 구별받았음을 의미하는 동시에 하나님께 그 직분을 감당할 수 있는 권능을 부여받게 된다. 평범했던 사울이 기름 부음을 받고 왕이 되었다. 이새의 여덟 번째 아들이자 한낱 목동이었던 다윗이 사무엘을 통해 기름 부음을 받은 후에 통일 이스라엘 왕국의 왕이 되었다. 하나님께서 아론과 그의 아들들에게 기름을 부어 제사장 직분을 감당하게 하셨다(출 40:12-15). 선지자도 기름 부음을 받아 직분을 감당하였다. 신약에서의 기름 부음은 성령의 임함을 의미한다.

주의 성령이 내게 임하셨으니 이는 가난한 자에게 복음을 전하게 하시려고 내게 기름을 부으시고 나를 보내사 포로 된 자에게 자유를, 눈먼 자에게 다시 보게 함을 전파하며 눌린 자를 자유케 하고(눅 4:18).

오순절 마가 다락방에 성령이 임했을 때 기름 부음이 모든 하나님의 백성에게 임하였다(행 2장). 다음 말씀은 요엘 선지자에게 주신 약속의 성취이다.

> 이는 곧 선지자 요엘로 말씀하신 것이니 일렀으되 하나님이 가라사대 말세에 내가 내 영으로 모든 육체에게 부어 주리니 너희의 자녀들은 예언할 것이요 너희의 젊은이들은 환상을 보고 너희의 늙은이들은 꿈을 꾸리라 그 때에 내가 내 영으로 내 남종과 여종들에게 부어주리니 저희가 예언할 것이요(행 2:16-18).

> 그러나 주께서 내 뿔을 들소의 뿔 같이 높이셨으며 내게 신선한 기름으로 부으셨나이다(시 92:10).

뿔은 지위와 권세를 의미한다. 이처럼 우리가 성령의 기름 부음을 받으면 신앙이 업그레이드된다.

셋째, 하나님의 말씀을 듣고 지켜 순종할 때 영적으로 업그레이드된다. 아브라함은 하나님의 말씀을 듣고 순종하여 믿음의 조상이 되었다. 그 믿음은 순종과 희생과 인내를 포함한다. 아들 이삭을 바치라는 순종할 수 없는 명령에 순종했을 때 하나님 경외함을 인정받게 되어 천하 만민이 복을 받는 복의 근원이 되었다.

> 가라사대 여호와께서 이르시기를 내가 나를 가리켜 맹세하노니 네가 이같이 행하여 네 아들 네 독자를 아끼지 아니하였은즉 내가 네게 큰 복을 주고 네 씨로 크게 성하여 하늘의 별과 같고 바닷가의 모

래와 같게 하리니 네 씨가 그 대적의 문을 얻으리라 또 네 씨로 말미암아 천하 만민이 복을 얻으리니 이는 네가 나의 말을 준행하였음이니라 하셨다 하니라(창 22:16-18).

우리가 하나님을 사랑하면 그분의 계명을 지키는 영적 업그레이드를 경험하게 된다.

너희가 나를 사랑하면 나의 계명을 지키리라(요 14:15).

우리가 하나님의 계명을 지킬 때 하나님을 보게 되고 그분을 더욱 사랑하게 되는 영적 업그레이드를 경험하게 된다.

나의 계명을 가지고 지키는 자라야 나를 사랑하는 자니 나를 사랑하는 자는 내 아버지께 사랑을 받을 것이요 나도 그를 사랑하여 그에게 나를 나타내리라(요 14:21).

넷째, 하나님 안에서 초자연적인 신령한 경험을 할 때 영적 업그레이드가 된다. 야곱이 형 에서를 피해 하란으로 가던 중 벧엘 광야에서 돌을 베개 삼아 잘 때 하늘에 닿은 사닥다리와 천사가 오르락내리락하는 꿈을 꾸었다. 그리고 야곱에게 여호와 하나님이 그와 함께 있어 어디로 가든지 그를 지키며 그가 허락한 것을 다 이룰 때까지 그를 떠나지 않으리라는 약속을 주셨다(창 28:10-15). 이 신령한 경험으로 어머니 리브가의 품에 있을 때와는 확연히 다르게 그의 신앙은 업그레이드되었다. 또 하란에서 돌아올 때 얍복 강가에서 천사와 씨름하다 환도 뼈가 부러지면서까지 얻은 새 이름 이스라엘은 결국 유대 민족의 이름이 되는 영적 업그레이드를 이루었다(창 33:28). 기드온은 구한 대로 이슬이 양털에만 있고 사면 땅은 마르고, 또 양털만 마르고 사면 땅에는 이슬이 있게 되는 초자연적인 기적을 봄으로 믿음이 업그레이드되어 미디안을 물리쳤다(삿 6:36-40).

초대교회는 예수님의 부활 사건과 초자연적인 성령의 강림으로 그들의 믿음이 영적으로 업그레이드되었다. 나도 불세례와 하나님의 아름다운 영광의 영역을 경험함으로 성령세례 받은 지난날과는 획기적으로 다른 영적 업그레이드를 경험하였다. 한번은 하나님께서 "위엣 것을 찾으라. 그리하면 모든 것이 초자연적인 것이다"라는 음성을 들려주셨다. 궁극적으로 우리의 신앙생활은 자연적인 생활이 아니라, 하늘에 속한 초자연적이고 영적이다. 이처럼 우리가 오늘날도 하나님께서 허락하시는 초자연적인 신령한 경험을 통해 영적 업그레이드를 경험할 수 있다.

다섯째, 기름 부음과 성령이 충만한 집회에 참석하거나, 그런 사람에게 기도받을 때 영적 업그레이드를 체험한다. 오순절 마가 다락방에 성령이 임했을 때 남아 있던 제자들은 120명이었다. 그런데 그들의 모임에 참석한 사람들이 하루에 삼천 명이나 세례를 받는 역사가 일어났다(행 2:41). 그들이 날마다 성전에 모여 하나님을 찬미할 때 구원받는 사람들이 날마다 더하였다(행 2:47). 이같이 오늘날도 기름 부으심과 성령이 충만한 집회에 참석하면 성령을 체험하고, 하늘의 기쁨을 맛보는 영적 업그레이드를 경험하게 된다. 그리고 성령이 충만하고 은사가 있는 사역자에게 기도받을 때, 성령의 기름 부음이 전이되고 은사가 불 일 듯 일어난다. 물론 올바른 사역자인지 잘 분별해야 한다. 고넬료가 베드로를 청하여 말씀을 들었을 때 말씀을 듣는 모든 사람에게 성령이 임하였다(행 10:44).

> 그러므로 내가 나의 안수함으로 네 속에 있는 하나님의 은사를 다시 불일듯하게 하기 위하여 너로 생각하게 하노니(딤후 1:6).

> 내가 너희 보기를 심히 원하는 것은 무슨 신령한 은사를 너희에게 나눠 주어 너희를 견고케 하려함이니(롬 1:11).

여섯째, 신앙생활 중에 겪는 환난과 대적의 공격을 이겨낼 때 영적 업그레이드가 일어난다. 영적 업그레이드는 긍정적이고 좋은 일을 통해서만 일어나는 것이 아니다. 신앙인에게 닥치는 환난과 원수의 공격을 잘 이겨낼 때도 일어난다. 다윗은 많은 환난을 통과하면서 영적 업그레이드를 이루어 냈다. 사울이 삼천 명의 군사를 풀어 그를 죽이려고 했을 때 실망하고 낙심한 것이 아니라, 하나님께 피하고 그분의 도우심을 간구함으로 오히려 신앙이 더 강해지고 업그레이드되었다. 그를 치는 많은 사람 가운데 있으면서 여호와가 그의 피난처와 방패가 됨을 고백하였다. 환난 중에서 "천만인이 나를 둘러치려 하여도 나는 두려워 아니하리이다"(시 3:6).

"군대가 나를 대적하여 진 칠지라도 내 마음이 두렵지 아니하며 전쟁이 일어나 나를 치려 할지라도 내가 오히려 안연하리로다"(시 27:3)라고 고백하여 더욱 하나님을 의지하는 믿음을 보였다. 그는 환난과 위험 앞에서 오히려 "생전에 여호와의 집에 거하여 여호와의 아름다움을 앙망하며 그 전에서 사모하게 하실 것이라"(시 27:4)고 고백하는 영적 업그레이드를 이루어 내었다. 사망의 음침한 골짜기를 다니면서도 주께서 항상 함께하심을 믿는 믿음의 업그레이드를 체험하였다(시 23:4).

다니엘은 하나님을 의뢰하는 믿음 때문에 사자 굴에 들어가는 환난 속에서도 오히려 믿지 않는 다리오왕에게 하나님의 살아 계심을 나타내는 영적 업그레이드를 이루어 내었고(단 6:23), 그의 세 친구는 칠 배나 더 뜨거운 풀무 불에 들어갔어도 머리털 하나도 타지 않는 하나님의 살아 계심을 나타내는 영적 업그레이드를 체험하였다(단 3:26-27).

바울을 비롯한 여러 전도자는 닥쳐온 환난과 죽음의 고난 앞에서 믿음이 퇴보된 것이 아니라, 오히려 그리스도의 사랑을 더욱 확증하는 계기로 삼았고, 더욱 영광으로 영광에 이르는(고후 3:18) 영적 업그레이드를 이루어 내었다.

누가 우리를 그리스도의 사랑에서 끊으리요 환난이나 곤고나 핍박이나 기근이나 적신이나 위험이나 칼이랴 기록된 바 우리가 종일 주를 위하여 죽임을 당게 되며 도살할 양같이 여김을 받았나이다 함과 같으니라 그러나 이 모든 일에 우리를 사랑하시는 이로 말미

앎아 우리가 넉넉히 이기느니라 내가 확신하노니 사망이나 생명이
나 천사들이나 권세자들이나 현재 일이나 장래 일이나 능력이나 높
음이나 깊음이나 다른 아무 피조물이라도 우리를 우리 주 그리스도
예수 안에 있는 하나님의 사랑에서 끊을 수 없으리라(롬 8:35-39).

그러므로 우리가 영적 업그레이드를 경험하기 위해서는 현저하
게 다르게 해야 한다. 우리도 고난 중에 감사하며 환난 중에 즐거
워함으로 영적 업그레이드를 경험할 수 있다.

다만 이뿐 아니라 우리가 환난 중에도 즐거워하나니 이는 환난은
인내를 인내는 연단을 연단은 소망을 이루는 줄 앎이로다(롬 5:3-4).

2016년 12월 한국에서 급성 심근경색으로 쓰러져 수술대에 누
워 있을 때 "이 모든 것이 하나님의 계획 중에 있다"라고 고백하게
하셨다. 그러면서 "주님을 극진히 사랑합니다"라는 좀 더 영적으
로 업그레이드된 고백을 하게 되었다. 지난 7년 동안 주님을 사랑
한다고 매일 수십 번 고백했지만, 일을 당하자 "극진히 세상 어떤
무엇보다도"라는 수식어를 더하여 고백하게 되었다. 죽음의 고비
를 넘어서면서 경험한 영적 업그레이드였다. 하나님을 사랑하는
자에게는 모든 것이 합력하여 선을 이룬다(롬 8:28). 고난을 통해
퇴보가 아니라, 믿음의 업그레이드를 이루게 하시는 것이다.

고난당한 것이 내게 유익이라 이로 인하여 내가 주의 율례를 배우

게 되었나이다(시 119:71).

믿음 시험

2005년 5월 31일 "네가 믿으면 하나님의 영광을 보리라"는 음성이 들려온 지 한 달 후에 "믿음 시험"이라는 음성이 들려왔다. 믿으면 하나님의 영광을 볼 것인데 이를 위해 믿음을 시험하시겠다는 것이다. 또한 하나님의 음성에 순종하는지를 보시겠다는 것이다. 순종은 어렵다. 하라는 것에 순종하기도 어렵지만, 하지 말라는 것에 순종하기는 더 어렵다. 하나님께서 에덴동산을 만드시고 아담에게 동산을 다스리며 동산 안의 모든 열매를 먹어도 된다고 하셨다. 그러나 동산 중앙에 있는 선악과는 먹지 말라고 하셨다. 그런데 아담은 하나님께서 하지 말라고 하신 것에 불순종해서 에덴동산에서 쫓겨났고 인류에게 모든 죄와 저주와 죽음이 왔다.

우리는 신명기 28장을 축복장으로 알고 좋아한다. 복에 대한 것으로 많이 들었기 때문이다. "들어와도 복을 받고 나가도 복을 받고, 성읍에서도 복을 받고 들에서도 복을 받고, 머리가 되고 꼬리가 되지 아니하며." 그런데 28장은 축복과 저주의 장이다. 하나님의 말씀에 순종하면 복을 받고 불순종하면 저주를 받는다는 말씀이다. 전체 58절 중에서 순종할 때 주시는 복에 관한 약속은 15절까지이며, 나머지 43절은 하나님의 말씀에 불순종할 때 임하는 저주에 관한 구절이다. "성읍에서도 저주를 받으며 들에서도 저주를 받고, 들어와도 저주를 받고 나가도 저주를 받으며, 그는 머리가 되고 너는 꼬리가 될 것이라." 이것은 하나님의 말씀에 불순종하는 자에게 임할 엄연한 약속이다. 히브리서 13장 17절은 말한다. "너희를 인도하는 자들에게 순종하고 복종하라 저희는 너희 영혼을 위하여 경성하기를 자기가 회계할 자인 것 같이 하느니라 저희로 하여금 즐거움으로 이것을 하게 하고 근심으로 하게 말라 그렇지 않으면 너희에게 유익이 없느니라."

일반적으로 순종은 '순순히 따르는 것'을 의미하고, 복종은 '알지 못하고 이해하지 못해도 무조건 억지로라도 따르는 것'을 말한다. 이 구절에 사용된 '순종하라'는 헬라어로 '페이다르케오'이다. '확신을 가지다', '믿다', '설득하다', '신뢰하다', '순종하다'라는 뜻인 '페이도'와 '지배하다', '다스리다', '시작하다'라는 뜻의 '아르코'가 합쳐진 단어이다. 따라서 '권위에 순복하다', '순종하다', '듣다'라는 뜻이 있다. 영어 성경에서는 대개 obey로 번역한다.

이 구절에서 '복종하라'는 '휘페이코'이다. '아래'라는 '휘포'와 '에이코'라는 '항복하다', 굴복하다'라는 단어가 합쳐진 것이다. 영어 성경에서는 subject, 유사한 단어로 submit로 번역했고 '복종시키다', '따르게 하다', '굴복하다', '항복하다'라는 뜻으로도 쓰이며, 영어 명사 submission은 '복종', '항복', '굴복', '순종'이라는 뜻이다.

복종과 순종에 대해 성경적 의미를 히브리어, 헬라어, 영어, 한글을 살펴보면 '복종은 머리, 즉 권세에 굴복하여 따르는 것'을 의미하며 '순종은 하나님의 손, 그분의 의(義)를 인정하고 신뢰하고 따르는 것'임을 알 수 있다. 복종은 권위, 권세에 대한 경외함과 경배함이며 순종은 질서에 대한 믿음과 의지와 따름이다(이상 참

조:egloos).

우리가 하나님과 그분의 말씀에 복종하는 것은 이처럼 그분의 권위와 권세를 인정하며 믿고 신뢰하기 때문에, 그분의 약속에 대한 확신 때문에 모든 것을 맡기고 순종하는 것이다. 성경에 나타난 순종은 철저히 하나님을 믿는 믿음을 전제로 한다. 믿음은 순종과 함께한다. 그래서 순종이 제사보다 낫고 듣는 것이 수양의 기름을 드리는 것보다 낫다고 하신 것이다.

하나님의 음성이 처음 들려왔을 때는 하라고 하는 것에 순종하는 훈련이었다. 힘들기는 하지만 무엇인가 하는 것이어서 견딜 수 있었다. 그런데 그다음 순종의 단계에서는 하라고 하신 일을 이제는 하지 말라고 하시는 것이다. 잘하고 있는 일을 중단하라는 음성에 순종하는 것은 더 어렵다.

무엇인가 할 때는 움직이고 활동하기에 힘든 중에서도 어떤 진전이 있는 것 같고 어떤 열매와 결과가 기대되었다. 그런데 잘하고 있는 일을 그만두라고 하시는 말씀에 순종하는 것이 훨씬 더 큰 믿음이 요구되고 힘든 것임을 나중에 알게 되었다. 하나님이 허락하셔서 한참 진행 중인 일을 중단하라는 하나님을 신뢰하고, 이해되지 않아도 결과까지 맡기는 확신이 있어야 가능한 더 높은 단계의 순종이다.

지난 10여 년간 믿음과 순종의 영적 훈련의 여정 속에 구체적으로 두 번 그런 일이 있었다. 학위를 마치고 한국의 신학교 교수로 예정된 길을 막으신 것은 어쩔 수 없었지만, 주님의 음성에 순종하자 1년 동안 불세례와 하나님의 영광과 능력이 임하였고, 다음

해에는 미국의 여러 도시에서 집회했기 때문에 이제는 훈련이 끝나고 물질도 해결되는 줄 알았다. 그런데 정확히 1년이 지나자 주님의 음성이 들려왔다. "전화가 오지 않을 것이다. 전화하지 마라."

신기하게도 그렇게 많이 오던 전화가 오지 않았다. 집회 요청은 커녕 모두 나를 잊은 것 같았다. 그리고 찾아오던 사람들의 발걸음도 뚝 끊어지게 하셨다. 그때가 7월이었고 24시간 아무것도 하지 않고, 찾는 사람도, 오는 사람도, 전화도 없는 힘든 한 달을 보냈다. 도무지 이해되지 않았다. 그렇다고 전화도 할 수 없었다. "전화하지 마라" 하셨기 때문이다. 그리고 꼬박 1년을 하나님 앞에 밤낮으로 있게 하셨다. 그때 믿음이 무엇인지, 순종이 무엇인지, 인내가 무엇인지를 몸으로 체험하였다. 현실에서는 아무 일도 일어나지 않고 아까운 세월만 보내는 것 같았지만, 그 시간에 주님과 깊은 친교 가운데로 들어가게 하셨으며, 장래에 일어날 시대적인 일에 대한 많은 약속을 받았다.

또 어느 날은 하나님께서 하라고 하신 일을 갑자기 중단하라는 음성이 들려왔다. 그때가 2011년 3월이었다. 3년 동안 하나님 앞에 머물게 하셨다가 교회를 개척하라는 음성에 순종해서 그야말로 아무것도 없이 LA에서 교회를 시작하였다. 토요일마다 영적 훈련과 한 달에 한 번 치유와 예언 사역 성령 집회를 하게 하셨다. 적게는 70여 명, 많이 올 때는 150~200여 명의 사람이 참석하였다. LA 시내 한인 타운 한복판에 있는 빌딩에서 사무실 세 개와 교육관, 150명이 들어갈 수 있는 예배실을 임대하였다. 월세만 700만 원 정도였다. 미국에는 전세 제도가 없다. 구매하거나 월세를 내는 방식뿐이다. 집세까지 하면 매달 만 불이 필요했다. 교회와 한 달에 한 번 있는 집회에서 나오는 헌금으로 운영되었다. 3월 집회를 마치고 4월 집회를 정해 놓은 때였다. 새벽꿈에 주님이 찾아오셨다. 택시를 대기해 놓고 빨리 타라고 하시는 것이다. 그래서 "집회를 해야 하는데요?" 하자, "집회보다 더 빨리 갈 테니 타라"고 하셨다.

2011년 1월은 일본에 쓰나미가 발생한 지 얼마 안 된 때였고 캘리포니아에도 곧 지진이 온다는 위기감이 팽배하였다. 미국 연방 법원이 동성 결혼 합법화를 추진해서 회개와 부흥을 위한 캘리포니아 다민족 스타디움 기도회를 준비할 때였다. 주님 말씀의 뜻은 킹덤 빌더즈 집회를 중단하고 캘리포니아를 위한 기도 운동에 전념하라는 것이었다. 그래서 "이제부터 먼저 그의 나라와 그의 의를 구할 것이다. 그리하면 하나님께서 약속하신 대로 이 모든 것을 더할 것이다"라고 선포하고 4월에 준비된 집회를 취소하였다. 그때부터 겪은 6년 동안의 재정적 어려움은 정말 견디기 힘든 고통이었다. 당장 월세를 낼 수 없어서 교회 공간을 줄일 수밖에 없었다.

그해 11월 11일 다민족 스타디움 기도회에는 한인 이민 역사상 가장 많은 교인이 참석하였다. 총 3만 5천 명이 로즈볼 스타디움에 모였다. 이 일을 시작으로 컨벤션 센터와 미국 국회 기도회까지 수천 명씩 모두 다섯 차례 대규모 기도회를 열었고, 한국 미스바 기도대회 두 차례 참석과 이스라엘 기도회까지 모두 여덟 번 하게 하셨다. 그러나 정작 우리 교회는 집회를 못해서 여러 번 월세를 내지 못 했고 문을 닫을 뻔한 어려움을 겪어야 했다.

이 경험을 통해 순종에는 희생이 따르는 것임을 절실히 알게 되었다. 정말 주님의 음성이었기에, 그 주님을 신뢰하기에 그리고 이유는 모르지만, 먼저 그분의 나라와 그분의 의를 구함으로 이 모든 것을 더하실 약속의 말씀을 의심하지 않았기 때문에 감당할 수 있었던 순종이었다. 하라고 하신 일의 순종보다 내가 할 수 있는 일을 하지 않고, 잘하고 있는 일을 하지 말라고 하신 일에 순종했을 때, 그 순종이 제사보다 나음을 체험적으로 알게 하셨다.

사무엘 선지자는 사울왕에게 자신이 돌아올 때까지 제사드리지 말고 7일을 기다리라고 하였다. 그런데 블레셋이 쳐들어오자 기다리지 못하고 사무엘이 오기 전에 자신이 제사를 드렸다(삼상 13:8-9). 아무것도 하지 않고 기다리는 것이, 하나님의 말씀에 순종하는 것이 제사보다 나은 것이다. 그는 제사를 드리지 말고 기다리라는 말씀에 불순종했고, 블레셋의 양과 소를 취하지 말고 다 멸하라는 하나님의 명령에 불순종하여 결국 하나님께 버림받았다(삼상 13:21-23). 하나님을 위하는 것은 진정 그분께서 원하는 것을 하는 것이다. 그것은 하나님을 믿느냐, 하나님의 말씀을 신뢰하느냐의 문제이다. 그러므로 순종이 제사보다, 우리의 종교적인 열심이나 행위보다 낫다. 이를 위해 믿음의 훈련을 시키시는 것이다. 믿음은 행동, 즉 순종을 요구한다. 순종이 전제되지 않는 것은 믿음이 아니다. 그리고 순종에는 반드시 희생이 따른다. 이 믿음의 순종은 인내를 동반한다. 성경적 순종은 즉각적이다. 그것이 하나님으로부터 온 것이라면 즉시 순종해야 한다. 끝까지 순종해야 한다. 힘들다고 중간에 그만두는 것은 온전한 순종이 아니다. 마지막으로 이 순종에는 반드시 보상이 따른다. 이 모든 것을 더하시는 것이다.

> 너희는 먼저 그의 나라와 그의 의를 구하라 그리하면 이 모든 것을 너희에게 더하시리라(마 6:33).

완전 굴복과 완전 복종(Total Submission & Total Obedience)(1)

2008년 4월 27일에 들은 주님의 음성이다.

"완전 굴복하고 완전 복종하는 것이 하나님 영광의 통로가 되는 길이다."

하나님을 신뢰하고 그분의 음성에 순종하여 이곳까지 이른 적이 없었다. 3주 동안 시장을 못 보았다. 수중에 1불도 없었다. 4월 20일부터 하루 한 끼 먹으며 금식을 시작하였다. 먹을 것이 없어 라면과 수제비까지 다 끓여 먹고 마지막 한 주간은 굶어야 했다. 눈물이 났다. 힘들어서가 아니라 굴복하고 복종하는 나 자신이 대견해서였다. 월세와 막내딸 학비는 고사하고 5월 18일까지 집을 비우라고 하였다. 그때 들려온 하나님의 음성이 "Total Submission & Total Obedience"였다. 여기까지 이렇게까지 올 줄 생각도 못하였다. 2005년 5월 31일 새벽 3시에 깨우시며 "네가 믿으면 하나님의 영광을 보리라"는 음성이 벽시계에서 레이저 광선같이 이마에 쏘아져 들려온 이후, 꼭 한 달 만에 "Faith Test(믿음 시험)"라는 음성이 들려왔다.

하나님을 믿기로 작정하고 아내까지 일을 그만둔 상태에서 그 누구에게 사정을 이야기하거나, 후원을 요청하지 않기로 하고 시작한 굴복과 복종의 기간 3년을 한 달 앞둔 시점이었다.

오후에 산책하면서 아내가 "평안이 있다"고 말했다. 하나님께서 "이번에는 이사 갈 준비를 하되 버릴 것을 정리하지 마라"고 하시는 것 같다고 하였다. 나는 "더 넓은 곳으로 가게 하시는 것"이라고 대답하였다. 헬리콥터 한 대가 하늘을 날고 있었다. 사방이 막혀 있으면 위로부터 구조가 온다. 하나님께서 들어서 옮기실 것이다. 오직 하나님께서만 상황을 수습하실 수 있으시다.

> 그가 또 나를 넓은 곳으로 인도하시고 나를 기뻐하심으로 구원하셨도다(시 18:19).

> 여호와께서 내게 관계된 것을 완전케 하실지라(시 138:8).

> 우리의 손에서 완전히 떠났다.

> 이르시기를 너희는 가만히 있어 내가 하나님 됨을 알지어다 내가 열방과 세계 중에서 높임을 받으리라 하시도다(시 46:10).

"이르시기를"이라고 하였다. 하나님께서 말씀하시고 보여 주시지 않았으면, 이곳까지 순종하여 올 수 없었다. 이곳까지 오게 하신 주님께서 끝까지 인도하실 것이다. 절벽 끝까지 이르렀으면, 이제 하나님을 믿고 뛰어내리는 길밖에 없다. 길에서 필리핀 선교사 부부를 만났다. "갈 데가 준비되었습니까?"라고 물었다. "아직 모릅니다. 이집트 군대가 쫓아오고 앞에는 홍해가 가로막혀 있으니 하나님께서 홍해를 여실 것입니다"라고 대답하였다. 그러나 홍해가 아니고 요단강이다. 하나님의 법궤(말씀)를 메고 강에 발을 담근다. 가나안 땅의 열매를 먹을 것이다. 아내에게 "내일부터는 기도 그만하고, 온종일 하나님을 찬미하고 영으로 기도합시다. 무엇을 구하는 우리의 생각을 내려놓고 하나님을 찬송하고 영으로 기도합시다. 아버지의 뜻대로 되기를 기도합시다"라고 말했다. 완전 굴복과 완전 복종은 상황을 회피하게 하는 것이 아니라, 산 정상으로 올리시기 위한 것이다.

2006년 아주사 100주년 집회 때 만난 로리 사역자가 지난 2년 동안 힘들 때마다 예언적 기도로 앞길을 알려 주며 도와주었다. 일주일 전에 기도를 부탁했는데, 하나님께 물어도 아무것도 말씀하시지 않는다는 것이다. 예언 사역자인 로리가 보지 못하고 듣지 못하는 이유는 믿음과 순종의 여정에서 우리가 더 멀리, 더 높이 올라와 있기 때문이다. 에베레스트산에 올라가는데 로리는 베이스캠프에 있고, 우리는 정상으로 올라가고 있다. 우리 앞에, 우리 위에 무엇이 있는지를 보지 못하고 듣지 못하는 것이다. 우리가 올라가고 우리가 정상을 정복해야 한다. 미국에서 영적 사역을 하는 친구 목사도, 한국에서 영적 사역을 하는 목사도, 로리도, 찬양 사역자 테리도, 그리고 많은 사람이 우리가 정상을 정복하기를 기다리고 있다. 자기들이 못 오르기 때문에 정상 정복 조인 우리가 오르기를 기다리는 것이다. 영적이지 않은 필리핀 선교사는 밑에서 망원경으로 보고 있다. 어떻게 되는지 무전기로 체크하고 있다. 고도가 높아질수록, 굴복과 복종의 강도가 세어질수록 힘들고 숨이 막힐 것 같다.

2001년에 "Come up! Come up! To the top of the Mountain. I will bring you to the spiritual realm. I will bring you to the another realm—올라오라! 올라오라! 산 정상으로 올라오라. 내가 너를 영적 영역으로 이끌리라. 다른 영역으로 이끌리라"는 예언을 들었다. 만 8년이 지난 지금에야 산 정상이 가까웠다. 모세에게 "너의 선 곳은 거룩한 땅이니 네 발에서 신을 벗으라"(출 3:5) 하신 그 거룩한 곳이다. "여호와의 산에 오를 자가 누구며 그의 거룩한 곳에 설 자가 누구인가"(시 24:3) 하신 그 여호와의 산과 그 거룩한 곳이다.

산 정상은 하나님의 보좌와 지성소요, 하나님의 얼굴을 대하는 곳이다. 하나님의 음성을 듣는 곳이다. 하나님의 영광을 체험하는 곳이다. 하나님의 산 정상 직전에는, 하나님을 대면하기 직전에는 한 치 앞도 안 보이는 흑운이 가리고 있다. 그러나 모세는 하나님이 계신 암흑(흑운, Thick Darkness)으로 나아갔다(출 20:21). 보이지는 않지만, 음성은 들렸기 때문이다.

모세는 하나님의 영광을 보고 그 영광을 가지고 내려왔다. 완전한 굴복과 완전한 복종이 가능하게 하였다. 완전한 굴복과 완전한 복종으로 부르심 받는 자에게 능력의 겉옷을 주신다. 성령의 은사를 받아서 사역하는 단계가 아닌 성령 안에서, 영광 안에서, 성령께서 다 하시는 단계의 특출한 기름 부음이다. 단지 내가 능력과 은사를 받아서 사역하는 수준을 넘어서서, 다른 사람들에게 능력을 전수해 주어 그들도 능력 안에서 하나님 나라를 확장하고 열방을 추수하는 기름 부음, 능력의 겉옷을 주신다. 하나님은 교회 전체에 미치는 이러한 권능의 겉옷을 주실 사람을 찾고 계신다. 그들은 하나님을 경외하는 자들로서 죄를 미워하고 하나님의 법을 사랑하는 사람들이다. 그들은 죄와 싸우되 피 흘리기까지 하고, 하나님께 굴복하되 삶 전체를 드리며, 하나님께 순종하되 죽기까지 순종하는 자들이다. 그들은 광야에서 회개와 주님의 오심을 외치는 자들의 소리이다. "보라 신랑이로다"라고 잠자는 신부들을 깨우는 나팔 소리이다. 그들은 마지막 때 전 세계를 향한 영광의 통로요, 하나님의 대로가 될 것이다.

> 외치는 자의 소리여 가로되 너희는 광야에서 여호와의 길을 예비하라 사막에서 우리 하나님의 대로를 평탄케 하라(사 40:3).

완전 굴복과 완전 복종(Total Submission & Total Obedience)(2)

"네가 믿으면 하나님의 영광을 보리라"(2005. 5. 31)는 음성을 들은 지 3년이 차지 않아 믿음 시험이 끝나지 않았다. 믿기로 순종하기로 작정하고 하나님께 이렇게 기도하였다. "하나님, 저는 나이도 많고(만 51세), 어릴 때부터 교회 다녔고, 성경도 많이 읽었고, 여러 신학교(한국, 영국, 인도, 미국)를 졸업하고 (박사 학위도 했으니―

이것은 속으로) 무엇보다 자녀들도 있으니 속성으로 해주세요." 하나님의 영적 신학교도 3년이다. 바울은 어릴 때부터 율법을 배웠고, 바리새인 중 바리새인이며, 당시 율법에 정통한 가말리엘 문하생이었다. 그런 그도 주님을 극적으로 만난 후 3년 동안 아라비아 광야에 거하였다. 그러고도 14년 후에야 그가 경험한 셋째 하늘을 간증할 수 있었다.

일주일째 하루 한 끼 먹으며 금식하고 있었다. 금식 기도가 아니다. 그냥 주님 앞에 앉아 있었다. 비참한 생각이 들었다. 몸은 마르고 일도 돈도 없었다. 그러나 하나님이 시키는 일을 하기로 작정했다. 돌아보지 못한 막내 베키 생각이 났다. 그러면서 나와 스물한 살 차이 나는 막내 여동생이 생각났다. 평생 기도원과 시골 교회 셋을 지으신 아버지가 낙심해서 일찍 돌아가신 것이 생각났다. 하나님께 가까이 가면 갈수록 더 암흑 상태이다. 모든 것이 점점 없어진다. 언제 끝날지 모르겠다. 영적으로는 벌써 끝난 것 같은데 현실은 아직이다. 집회에 오던 두 목사님께 교회 장소에 대해 문의했지만, 두 분 모두 거절하였다. 그때 아프리카의 영적 사역자 스프라이져 시톨이 모슬렘에게 혀와 팔이 잘리고 순교했다는 소식을 들었다(2008. 4. 22). 그렇다. 자진해서 시작한 길에 아직 죽기까지는 순종하지 않았다. 누가 나의 혀를 자르고 팔을 자르고 껍질을 벗기는 것이 아니었다. 단지 살이 좀 빠졌을 뿐이다. 알량한 자아와 자존심이 죽지 않아서 비참하게 생각될 뿐이다. 갈 길이 멀다. 죄와 싸우되 아직 피 흘리기까지는 하지 않았다. 육신의 정욕, 안목의 정욕, 이생의 자랑을 극복하지 못하면 쓰임받기 힘들다는 것을 알면서도 성령받아도 항상 충만하지 않았다. 내가 아직 죽지 않았기 때문에 그 굴레를 벗어나지 못한 상태였다. 양심의 가책을 느끼며 그래도 주의 일을 하고 싶은 마음으로 버텨 온 세월이 아니었던가? 내 안에 숨겨진 생각의 견고한 진을 박살 내지 않고는 죽을 때까지 자유롭지 못할 것 같다. 기도하면 내 뜻을 말할 것 같아서 기도하지 않기로 작정했지만, 그래도 생각이 기도로 나온다.

주여, 나를 건지소서!(가난, 수치, 비자, 무능)
주여, 나를 풀어 주소서!(물질, 환경)
주여, 나를 옮기소서!(이사 갈 곳, 가족의 거처)
주여, 나를 사용하소서!(일할 곳, 사명)

주의 의로 나를 건지시며 나를 풀어 주시며 주의 귀를 내게 기울이사 나를 구원하소서(시 71:2).

처음 불세례와 하나님의 영광을 체험한 후에 소문이 나서 2년 차에는 뉴욕, 시카고, 라스베이거스 등지에서 집회 요청이 왔고, 가면 치유를 비롯한 엄청난 역사가 나타났다. 그래서 부흥사가 되는 줄 알았다. 고생 끝인 줄 알았다. 그렇게 1년이 지나고 2년이 되자, "전화가 오지 않을 것이다. 전화를 걸지 마라"는 음성이 들려온 후 정말 전화가 오지 않았고 전화도 할 수 없었다. 찾는 사람 없고, 일도 시키지 않으시고, 돈도 없다. 그렇게 1년이 지나가고 있었다. 한국으로 돌아가고 싶었다. 죽고 싶은 생각이 들었다. 그렇게 순종적이던 아내에게 핀잔을 듣고 역정 내고 급기야 참지 못해 리모컨을 내동댕이칠 때 다 때려 부수고 싶었다. 인내에 한계가 온 것이다. "모세처럼 되지 않게 해주세요. 여호수아처럼 되게 해주세요"라고 끊임없이 기도했다.

끊이지 않는 백성의 원망에 하나님께 온유함을 인정받은 모세도 순간적인 분노를 참지 못해 반석을 두 번 내리쳤다. 그로 인해 그는 하나님의 명령에 불순종하게 되었고 결국 가나안 땅에 들어가지 못했다. 미국에서 100만 불 넘게 쓰면서 공부하고 순종하며 기다렸던 11년의 시간을 끝장내고 마음대로 하고 싶었다. 2년 동안 막혔다가 다시 초빙 온 교수로서의 안정과 명예도 다 버렸는데, 고작 3주간 먹을 것이 없어서 하나님을 기다리는 일을 포기하지 않을 것은 아내는 이미 알고 있었다. 그래도 신경질은 났다. 그래도 그 대상이 하나님이 아니라 나였다. 내가 화를 내고 불평하고 원망하면, 그 대상은 내 위에 아무도 없기 때문에 하나님께 하는 것이 된다. 그냥 참고 기다려야 한다. 하나님께 의탁하는 수밖에 없다. 제발 불쌍히 여겨 하루빨리 말씀하시기를 바랄 뿐이다. 최소한 음성이 들리면, 힘들어도 순종할 훈련은 되었기 때문이다. 주님의 들리는 음성은 아니었지만, 기록된 말씀이 주어졌다.

너희가 돌이켜 안연히 처하여야 구원을 얻을 것이요 잠잠하고 신뢰하여야 힘을 얻을 것이어늘 (사 30:15).

그러나 여호와께서 기다리시나니 이는 너희에게 은혜를 베풀려 하심이요 일어나시리니 이는 너희를 긍휼히 여기려 하심이라 대저 여호와는 공의의 하나님이심이라 무릇 그를 기다리는 자는 복이 있도다(사 30:18).

안달하지 말고 잠잠하고 평안하고 믿어야 한다고 하신다. 잠잠히 기다리고 하나님을 신뢰하는 것이 나의 힘이라고 하신다. 내가 기다리는 것 같았는데 여호와 하나님이 기다리신다고 하고 나에게 은혜를, 긍휼을, 복을 주시기 위함이라고 하신다. 그렇다. 하나님의 완전하신 뜻이 계시되기까지의 기다림은 우리에게 은혜와 긍휼이다. 갑자기 주셔서 망치지 않게 하시려는 하나님의 사랑이다. 앞으로 경험할 것은 이전의 세대가 경험하지 못한 엄청난 영광이다. 하나님께서 주도권을 갖고 "네가 믿으면 하나님의 영광을 보리라" 하셨다. 자신의 말씀을 걸고 약속하셨다. "초조해하지 말고 신뢰하는 마음을 가져라" 말씀하신다. 하나님을 기다리고 의지하자. 하나님은 다 아신다. 이 상황을 주도하신다. 하나님께서 하라고 하신 것이기에 순종해야 한다. 믿음 테스트(Faith Test)다.

믿음이 하나님과의 친밀함을 깊게 한다.

믿음이 기적과 능력의 통로가 되게 한다.

믿음이 영광의 통로가 되게 한다.

믿음과 의심 속에서 힘들어하던 중에 영어로 들려온 하나님의 음성이 "Total Submission & Total Obedience"였다. "완전 굴복, 완전 복종"이다. 결국은 믿음 시험이다. 자비로우신 주님이 나와 아내가 풀지 못해 힘들어한 문제의 정답을 알려 주셔서 시험을 통과할 수 있었다. 완전 굴복과 완전 복종이 3년 영적 신학교 졸업시험의 마지막 정답이었다. 이제까지의 믿음이 비로소 의심을 완전히 배제한 100퍼센트 확신이 되었다. 할렐루야!

오른손으로 너를 붙들리라

우리는 어떠한 환경에서도 두려워하지 말아야 한다. 창조주이신 하나님께서 그분의 오른손으로 우리를 붙들어 주시기 때문이다. 하나님이 우리를 위하신다는 것을 교리적으로 아는 것과 가장 높으신 분이 우리의 오른손이 되신다는 사실을 믿는 것과는 차이가 있다.

두려워 말라 내가 너와 함께 함이니라 놀라지 말라 나는 네 하나님이 됨이니라 내가 너를 굳세게 하리라 참으로 너를 도와 주리라 참으로 나의 의로운 오른손으로 너를 붙들리라(사 41:10).

어떤 형편에서든 하나님께서는 우리가 그분을 신뢰하고 확신하기 원하신다. 확신은 믿음의 척도이다. 근심과 두려움을 물리치고 확신과 신뢰를 가져야 한다.

그러므로 너희 담대함을 버리지 말라 이것이 큰 상을 얻느니라 (히 10:35).

두려울 때 강하신 하나님을 기억하라.

그가 또 언약을 배반하고 악행하는 자를 궤휼로 타락시킬 것이나 오
직 자기의 하나님을 아는 백성은 강하여 용맹을 발하리라 (단 11:32).

만일 우리가 순수하게 하나님을 신뢰하면, 그리고 겸손히 걷고
믿음 안에서 견디면, 어떤 환경에 처해도 하나님의 도우심을 얻게
될 것이다. 하나님께서 우리와 함께하시고 믿음을 잃지 않는다면,
우리는 반드시 승리할 것을 성경은 말하고 있다.

항상 우리를 그리스도 안에서 이기게 하시고 우리로 말미암아 각
처에서 그리스도를 아는 냄새를 나타내시는 하나님께 감사하노라
(고후 2:14).

주님이 우리 안에서 일하시며 우리의 약점에도 불구하고 우리
뒤에서 도우시고 승리하게 하신다. 우리가 당하는 어려움과 고통
중에도 주님의 오른손이 우리와 함께하셔서 우리를 붙드시고 능력
을 주신다.

무릇 너를 치려고 제조된 기계가 날카롭지 못할 것이라 무릇 일어
나 너를 대적하여 송사하는 혀는 네게 정죄를 당하리니 이는 여호
와의 종들의 기업이요 이는 그들이 내게서 얻은 의니라 여호와의
말이니라 (사 54:17).

주님은 고통 속의 우리를 결코 잊지 않으신다.

저희는 눈물 골짜기로 통행할 때에 그곳으로 많은 샘의 곳이 되게 하며 이른 비도 은택을 입히나이다(시 84:6).

하나님께서 우리의 풍성함의 근원이라면, 우리는 부족함이 없다. 시련과 환난의 때에도 실족하거나 망하지 않을 믿음의 근거는 하나님께서 그분의 오른손으로 우리를 붙들 것이라는 확신에 있다.

이 썩을 것이 썩지 아니함을 입고 이 죽을 것이 죽지 아니함을 입을 때에는 사망이 이김의 삼킨바 되리라고 기록된 말씀이 응하리라 (고전 15:54).

하나님은 추상적이 아니다

수많은 사람이 심지어 주님을 구주로 믿는 사람들조차도 하나님을 추상적으로 생각하는 경우가 많다. 눈에 보이지 않고, 그분의 음성을 들어 본 적이 없기 때문이다. 그러나 하나님은 추상적이 아니시다. 그분은 실재이다. 그분은 살아 계신다. 우리는 그분을 볼 수 있고, 들을 수 있고, 느낄 수 있다. 단지 "듣기는 들어도 도무지 깨닫지 못하며 보기는 보아도 도무지 알지 못할"(행 28:26)뿐이다. 하나님은 영이시다. 영에 속한 자들은 그분을 본다. 그분에게서 들는다. 그분을 느낀다. 주님은 우리 안에 계시고 우리와 동행하시고 사랑하는 자에게 연합으로 존재하신다. 우리는 추상적이 아니라 실제적으로 입체적으로 그분을 경험할 수 있다. 부활하신 주님이 엠마오로 내려가던 두 제자에게 육체로 나타나셨다. 그들과 동행하고, 대화하고 함께 식사하셨다. 그러나 그들의 눈이 가려져 그분인 줄 알아보지 못하였다(눅 24:16). 육체를 가진 사람으로 생각했기 때문이다. 그분은 영이지만 육체로 나타나셨다. 주님이 축사하시고 떼어 주신 떡을 먹고서야 그들의 눈이 밝아져 비로소 예수님을 알아보았다(눅 24:31).

우리는 매일매일 주님의 떡에 참예해야 한다. 그래야 영적 눈이 밝아져 주님을 볼 수 있다. 생명의 떡인 하나님의 말씀을 먹고, 그분과 연합하는 영적 교제를 해야 한다. 때로 우리는 우리가 해야 할 일까지도 주님께 부탁한다. "주님, 나를 주님께로 이끌어 주소서. 주님과 친밀한 교제를 갖게 해주소서"라고 기도를 하면서, 정작 주님께 가까이 나아가지 않는다. 정작 주님 앞에 앉아 있는 시간은 기도 시간을 제외하고는 10분도 안 된다. 주님과 교제할 줄 모르는 것이다. 주님은 말씀하신다. "그렇게 이끌어 달라고 기도만 하지 말고 네가 가까이 와서 내 앞에 앉아 있으렴"이라고 하신다. 노래도 마찬가지이다. "주께 가까이 날 이끄소서 간절히 주님만을 원합니다 채워주소서 주의 사랑을 진정한 찬양 드릴 수 있도록 주께 가까이 날 이끄소서 간절히 주님만을 원합니다." 어제도, 지난주도, 지난달도, 지난해도 노래만 하고, 정작 주님께는 가까이 나가지 않는다. 진정한 찬양을 드리지 않는 것이다. 그냥 그렇게 해달라고 노래만 해서 하나님이 추상적으로 느껴지는 것이다. 그분이 보이지 않는 것이다. 그분을 듣지 못하는 것이다. 그분을 느끼지 못하는 것이다. 지금은 듣고 알고 깨닫는 데 머물 때가 아니다. 행동할 때이다.

그분은 진정으로 구하는 자에게 나타나신다. 주님은 진정으로 나아오는 자를 만나 주신다. 입술로만, 마음으로만, 기도로만, 노래로만 하지 않는다면 말이다. 진정으로 몸과 마음과 온 뜻과 온 정성과 내 영으로 주님을 원하고 앙망하고 높여 경배할 때 지금 이 순간에 실재이심을 나타내실 것이다.

자연적인 이치와 이해를 넘어서서 하나님의 실재를 경험하는 초자연적인 믿음을 취하기 위해 우리는 날마다 하나님의 초자연적인 개입, 간섭, 역사를 체험할 수 있어야 한다. 하나님의 초자연적인 실재가 내 삶에 경험과 확신을 주셔야 가능하다. 하나님의 실재를 날마다 느끼는 자들에게는 음성, 꿈, 환상, 성령의 감동과 내적 확신이 있다. 그리고 영적인 꿈과 음성은 너무나 생생해서 반드시 이루어진다. 하나님은 실재적이고 그분의 약속도 현실 속에 나타난다.

주님께서 "위엣 것을 찾으라. 그리하면 모든 것이 초자연적인 것이다!"라는 음성을 들려주셨다. 골로새서 3장 1절 위에 레마 음성을 겹쳐서 주신 것이다. 초자연적인 믿음과 영의 세계 법칙 안에 사는 자들에게는 자연법칙에서 오는 결과뿐 아니라, 초자연적인 역사들을 기대하고 경험하고 실제로 취하고 누릴 수 있다. 하나님을 실제적으로 체험하기를 힘쓰라. 이는 그분이 주시는 지혜와 계시를 통해 그분을 아는 것이다(엡 1:17). 예수 그리스도는 어제나 오늘이나 영원토록 동일하시다(히 13:8). 그분은 우리와 함께하시는 하나님이시다(마 1:23). 창조주시요, 오늘도 살아 계시며 우리와 늘 함께하시는 하나님이 아직까지 추상적으로 느껴진다면, 그동안 우상(허상)을 섬기는 종교생활을 했기 때문이다. 지금이라도 실제적인 신앙생활을 하면, 오늘이라도 실제적인 하나님을 경험하게 될 것이다.

끝날 부흥에 대한 음성

주님 앞에 무릎 꿇고 엎드려 경배하자, 주님께서 귓속말로 주신 음성이다.

첫째, "한꺼번에 부흥이 올 것이다."

다가온 부흥은 점진적이 아니다. 즉흥적이고 폭발적이다. 그리고 역사적으로 이제까지의 부흥은 대략 15~20년 동안 시작, 왕성, 쇠퇴가 있었지만, 다가온 끝날 부흥은 시작부터 폭발적으로 쇠퇴 없이 왕성하게 주님 오실 날까지 계속될 것이다. 시작되면 빠른 시간에 물이 바다를 덮음 같이 여호와의 영광을 인정하는 지식이 세상에 가득할 것이다. 그래서 이 끝날 부흥은 과정보다 부흥을 위해 쓰일 사람이 준비되는 과정이 더 힘들고 오래 걸렸다. 그것은 사람이 아니라, 하나님이 주도하시는 역사의 통로로 삼으시기 위함이다. 이를 위해 그동안 하나님께서 숨겨두고 훈련한 마지막 때 사용하실 영적 장군들이 준비되면, 그들을 일으켜서 부흥을 이끌어 나갈 군대를 동원하고 훈련하여 마지막 추수를 이루실 것이다. 그리고 하나님의 마지막 운동을 위해 오랜 기간 준비된 그분의 장군들은 사도와 선지자의 직임으로 인도될 것이다. 그들은 정화되고 깨어진 자들이며, 하나님의 불과 영광을 경험한 자들로 초자연적인 지혜와 믿음으로 일하도록 훈련되었다. 그들은 초대교회 사도들처럼 초자연적인 영역에서 하나님의 계획과 목적을 보고 들음을 통해 하나님의 마지막 부흥의 군대를 일으킬 자들이다.

지금까지 기도하고 기다렸던 것들이 한꺼번에 올 것이다. 은사와 사람들과 재정이 더할 것이다. 새 일이 시작될 것이다. 곧 역사상 가장 큰 일들이 일어날 것이다. 썰물이 다 빠져나가고 밀물이 들어오기 시작하는 것처럼, 지난 부흥의 시대가 끝나고 새 부흥의 시대가 도래하였다. 그동안 기름 부음의 막이 내리고 영광의 막이 올라갈 때이다. 이전 영광보다 더 큰 영광이 임하여 교회가 영광으로 영광에 이를 것이다. 지금은 과도기에 서 있다. 이러한 하나님의 새 역사를 받아들이고 굴복할 수 있어야 한다. 이를 위해 준비하고 있다가 "한꺼번에 모든 것을 바쁘게 다 하라!" 하셨다.

둘째, "딸은 더할 것이다."

이 음성은 "은사와 능력이 더할 것이다"라는 말씀이다. 하나님의 음성에서 딸은 은유적 · 상징적 · 예언적 의미로 은사(Gift)와 능력(Power)을, 아들은 지위(Position)와 권세(Authority)를 의미한다. "딸은 더할 것이다"라는 음성을 들었을 때, 또 딸을 주신다는 것이 아님을 알았다. 아내가 출산할 수 없는 나이이기 때문이다. 주님이 나에게 개인적으로 주신 이 음성을 들었을 때, 오랫동안 마음속에 가졌던 의문에 대한 응답으로 주신 것임을 알았다. 집회와 사역을 하면서 알게 된 것은, 사람들이 가장 원하고 듣고 싶어 하는 것은 하나님이 자신을 어떻게 생각하는가이다. 이 음성을 듣기 전까지 오랫동안 예언의 말씀과 지식의 말씀 은사가 강화되도록 기도하였다. 여기에서 예언의 말씀은 그 사람의 나아갈 방향과 삶의 목적 등을 말씀해 주시는 것이며, 지식의 말씀은 과거와 현재의 어려움을 하나님이 알고 계시며, 그 문제의 해결을 위한 지침을 성령께서 알려 주시는 것이다. 사람의 사정을 성령께서 아시기 때문이다.

> 오직 하나님이 성령으로 이것을 우리에게 보이셨으니 성령은 모든 것 곧 하나님의 깊은 것이라도 통달하시느니라 사람의 사정을 사람의 속에 있는 영 외에는 누가 알리요 이와 같이 하나님의 사정도 하나님의 영 외에는 아무도 알지 못하느니라 우리가 세상의 영을 받지 아니하고 오직 하나님께로 온 영을 받았으니 이는 우리로 하여금 하나님께서 우리에게 은혜로 주신 것들을 알게 하려 하심이라(고전 2:10-12).

이러한 은사를 사모한 동기는 본격적인 부흥이 일어나 한국 목회자 3천 명 앞에서 사역하는 장면을 보여 주셨기 때문이다. 목회자들은 치유 보다 자신을 향한 하나님의 마음을 알기 원할 것이다. 어떻게 그 많은 목회자 한 사람 한 사람에게 정확한 예언의 말씀과 지식의 말씀을 바로 전해 줄 수 있을까 하는 것이 오랜 기도 제목이었다. 그런데 그 마음을 아시고 주님께서 "딸은 더할 것이다." "부흥이 일어나면 은사와 능력은 더할 것이다. 걱정하지 마라. 그

때가 되면 그런 은사가 더할 것이다"라고 하신 것이다. 군인들이 평상시에 잘 훈련받고 준비하고 있으면, 전쟁 때 무기와 탄약을 지급해 주는 것과 같은 것이다. 그때가 되면 하나님께서 그분의 백성을 위해 은사와 능력을 더해 주실 것이다.

셋째, "여름에는 정으로 한다."

이 음성을 처음 들었을 때, 감탄한 것은 부흥을 여름에 비유한 것도 있지만, "정으로 한다"는 것이다. 부흥이 올 때는 사랑으로 한다는 것을 지극히 한국적인 정서로 사랑보다 더 깊은 정으로 한다고 말씀하신 것이다. 주님이 측은히 여기셨던 것처럼, 영혼을 불쌍히 여기는 주님의 마음으로, 부모가 자녀에게 주는 깊은 정으로 하라는 것이다. 주님의 음성은 지극히 은유적이고 위트가 있으며, 때로는 살짝 비틀어서 숨기셨다가 그 의미를 깊이 생각하게 하신다. 이 세 음성을 내 왼쪽 귀에 속삭이듯이 주신 것은 부흥의 약속이 반드시 올 것이라는 사실이며 시대적이 아니라, 그것을 위해 준비한 나에게 일어날 것이라는 개인적 확신으로 주신 것이다. 음성을 귓속말로 듣는 동시에 왼쪽 팔에 전기 스파크가 일어나며 몸에 진동이 임한 강력한 주님의 임재를 경험하였기 때문이다.

그 후에 내가 내 신을 만민에게 부어 주리니 너희 자녀들이 장래 일을 말할 것이며 너희 늙은이는 꿈을 꾸며 너희 젊은이는 이상을 볼 것이며(욜 2:28).

오직 비밀한 가운데 있는 하나님의 지혜를 말하는 것이니 곧 감취었던 것인데 하나님이 우리의 영광을 위하사 만세 전에 미리 정하신 것이라(고전 2:7).

귀 있는 자는 성령이 교회들에게 하시는 말씀을 들을지어다(계 2:7).

2장

성령의 가르치심

맞춤법이 틀렸다

2009년 1월 5일 새벽에 어떤 의사가 내 맞춤법이 틀렸다고 지적하는 꿈을 꾸었다. 완벽하지는 않지만 나름대로 맞춤법에 신경쓰고, 띄어쓰기까지 바르게 하려는 나에게 맞춤법 이야기를 해서꿈에서도 기분이 좋지 않았다. 그러면서 지적하기를 초급 1, 상급2, 교재 1, 교재 2는 말이 안 되고, 초급 I, 상급 II, 교재 I, 교재 II이렇게 로마식 표기법으로 써야 한다는 것이다. 다른 사람들보다는 신경 쓰고는 있지만, 실력 있는 사람이 보면 잘못이 보인다는것이다.

다른 사람의 부족함이 내 눈에 보이는 것처럼, 다른 사람에게내 잘못이 보인다는 것을 염두에 두고 겸손하라고 가르치신 것이다. 실제로 맞춤법이나 표기법이 틀렸다는 것을 지적하는 것이목적이 아니라, 자신을 돌아보고 교만하지 마라, 겸손하라는 훈계이다.

그러므로 하나님의 능하신 손 안에서 겸손하라 때가 되면 너희를 높이시리라(벧전 5:6).

이것은 꿈으로 주신 훈계였다. 하나님께서 나를 가르치기 위해 꿈으로 세밀하게 보여 주실 때마다 놀라는 사실은 하나님이 그 모든 것을 아시고 일대일로 말씀하신다는 것이다. 하나님께서 논문 표기법을 아신다는 사실이다. 통상적으로 로마 기호 식으로 쓸 때, 가장 위에 나오는 것이 I, II, III, IV, V인데 그냥 1, 2로 쓰면 틀렸다는 것이다. (예: I, 1, (1), 1), I, 1, A, (a))

앤드류 머레이는 《죽을 만큼 겸손하라》는 책에서 "겸손은 거룩함의 시작이자 제자도의 완성이다"고 하였다. 교만하지 말고 주님의 온유하고 겸손함을 배우자.

나는 마음이 온유하고 겸손하니 나의 멍에를 메고 내게 배우라 그러면 너희 마음이 쉼을 얻으리니(마 11:29).

카페에 글을 올리면서 I, II로 바르게 표기한 것을 알기 쉽게 한다고 1, 2로 바꾸어 올렸는데 원래대로 바꾸어 놓았다. 주님이 교정을 원하시고 훈계하시면 바로 고치는 태도가 중요하다.

항상 교만하지 말고 겸손하라는 가르침을 깨닫고 자신을 다듬어 가는 것이 성령의 가르침을 받는 바른 태도이다. 그러면 더 많은 가르침을 받을 수 있다. 주님께서는 보혜사 성령, 진리의 성령이 오시면 첫째, 우리를 가르치시고, 둘째, 진리로 인도하시고, 셋째, 장래 일을 알게 하신다고 말씀하셨다.

> 보혜사 곧 아버지께서 내 이름으로 보내실 성령 그가 너희에게 모든 것을 가르치시고 내가 너희에게 말한 모든 것을 생각나게 하시리라(요 14:26).

> 그러하나 진리의 성령이 오시면 그가 너희를 모든 진리 가운데로 인도하시리니 그가 자의로 말하지 않고 오직 듣는 것을 말하시며 장래 일을 너희에게 알리시리라(요 16:13).

성령께서 가르치는 것은 첫째, 잘못된 것을 교정과 훈계하시고, 둘째, 잘못되지 않도록 경고하시며, 셋째, 새로운 것, 곧 모르는 사실을 알려 주시는 것이다. 성령의 가르침은 설교 잘하는 목사나 강의 잘하는 신학교 교수와 비교할 수 없는 100퍼센트 진리의 가르침이다. 그리고 일대일 맞춤식 가르침이다.

> 너희는 주께 받은바 기름 부음이 너희 안에 거하나니 아무도 너희를 가르칠 필요가 없고 오직 그의 기름 부음이 모든 것을 너희에게 가르치며 또 참되고 거짓이 없으니 너희를 가르치신 그대로 주 안에 거하라(요일 2:27).

모기는 물지 못해도 개미는 물 수 있다

2016년 어느 여름날, 두 목사님이 다녀가셨다. 한 분은 10여 년 전부터 킹덤 빌더즈 집회에 참석하면서 지금까지 영적 교제를 하고 있고, 다른 한 분은 독일에서 선교하다가 안식년을 맞아 미국에 왔고 이번이 두 번째 방문이었다. 전통적인 선교 사역을 하다가 능력 사역에 관심을 갖고 하나님의 음성 듣기를 사모하였다. 첫 만남 때도 오랜 시간 이야기했는데, 이번에는 시대적인 관심사들에 대해 대화를 나누었다.

그즈음 미국의 영적 사역자들이 교황을 만나고 가톨릭과의 연합을 추진하는 일들에 대한 우려와 11월에 있는 미국 대선에서 민주당의 힐러리가 대통령이 되면 노골적으로 기독교를 대적하는 일들을 추진할 것에 대해 걱정을 하였다. 이미 연방대법원에서 동성애를 합법화하였고, 의료 보험법에 의한 칩 삽입 시행과 캘리포니아에서는 기독교 대학에서도 동성애 합법화를 추진 중이었다. 악한 세력들이 정치와 경제와 종교를 통합하여 진실한 기독교인들이 가진 오직 예수 그리스도를 통한 구원의 믿음에 대한 핍박이 시작될 때를 대비해 교회가 준비되지 않았다. 오늘날 목사와 교회 지도자들의 관심이 교회와 사역에만 집중되어 있어서 시대적이고 전 세계적인 악한 세력들의 계획에는 무지하며, 영적이지도 않아 주님의 음성을 듣고 마지막 때 하나님의 계획 안으로 들어오지 못하는 것에 대한 안타까움을 나누었다.

독일 선교사님이 어차피 악한 일들이 있을 것이라고 성경에 예언되어 있고 결국 일어날 일이라면, 우리가 막는다고 해서 안 일어나겠냐고 말했다. 그래서 나는 그런 일이 시대적인 징조인 것은 맞지만, 교회가 무지하고 준비되지 않은 것이 문제라고 대답하였다.

예수님께서 마태복음 24장에서 세상 끝 날에 대한 교훈을 주시면서 지진과 기근 등 각종 자연재해와 전쟁의 위험들 외에 사람의 미혹을 조심하라고 하셨다(4절). 그리고 "그 때에 사람들이 너희를 환난에 넘겨주겠으며 너희를 죽이리니 너희가 내 이름을 위하여 모든 민족에게 미움을 받으리라"(9절)고 말씀하셨다. 한국과 미국 모두 복음주의적 교단과 카리스마틱, 은사주의 교회까지도 가톨릭을 중심으로 한 종교다원주의와 세계 단일 종교 추세로 나가는 입장에서 진리를 지키는 자들은 점점 더 줄어들 것이다.

그러나 성경의 마지막 때 예언은 진리에 속한 사람들에게 낙관적으로 다가오고 있다. 이사야 선지자와 하박국 선지자는 여호와의 영광이 물이 바다를 덮음 같이 온 세상을 덮는 부흥을 예언하였다. 그때에는 어두움이 땅을 덮고 캄캄함이 만민을 가리겠지만, 하나님의 남은 백성에게는 여호와의 영광이 임하고 그들은 일어나 빛을 발할 것이라 하였다(사 60:1-2). 그리고 그들에게 바다의 풍부와 열방의 재물이 올 것이며(5절), 하나님의 영광이 머물러서 영광의 집이 될 것이라 하셨다(7절). 하나님께서 함께하시고 그분의 영광 안에 거하는 자들을 악한 세력들이 해하거나 건드리지 못할 것을 약속하셨다.

무릇 너를 치려고 제조된 기계가 날카롭지 못할 것이라 무릇 일어나 너를 대적하여 송사하는 혀는 네게 정죄를 당하리니 이는 여호와의 종들의 기업이요 이는 그들이 내게서 얻은 의니라 여호와의 말이니라(사 54:17).

네가 물 가운데로 지날 때에 내가 함께할 것이라 강을 건널 때에 물이 너를 침몰치 못할 것이며 네가 불 가운데로 행할 때에 타지도 아니할 것이요 불꽃이 너를 사르지도 못하리니(사 43:2).

그래서 나는 하나님께서 꿈에 보여 주신 일을 간증하였다.

넓은 운동장에 한 무리의 검은 옷을 입은 악한 사람들이 사람들을 잡으러 오는 것이다. 사람들이 이리저리 도망가도 넓은 공지라서 숨을 곳이 없었다. 그래서 그 자리에 앉아 조용히 "주여" 해도 소리를 지르며 옆을 지나가는 그 누구도 나를 보지 못하였다. 그들의 눈에 안 보이도록 초자연적인 영광의 막이 나를 싼 것이다. 베드로, 바울과 실라가 천사와 함께 감옥 문을 통과해 나올 때, 아무도 보지 못한 것처럼 말이다. 영광의 영역에서 많은 초자연적인 이적과 기사가 나타난다는 간증을 하였다.

불세례를 받고 선교를 위해 미얀마와 캄보디아, 베트남을 세 차례 방문한 적이 있다. 1985~1987년 인도와 네팔에 있을 때와 한국에서는 유난히 모기에 많이 물렸고 물린 부위가 퉁퉁 부을 정도였다. 그런데 모기가 많은 그곳을 세 차례나 방문했지만, 신기하게도 한 번도 모기에 물리지 않았다.

몇 년 전, 캄보디아에서 돌아오는 길에 한국을 들렀을 때도 비숫한 경험을 하였다. 부산 처형 댁에 머물 때, 젊은 목사님 부부와 저녁 9시가 넘어 아파트 단지 벤치에서 30분 정도 이야기했다. 그 부부는 모기에 여러 번 물렸지만, 나는 모기가 있는지도 알아차리지 못하였다. 다음날 아침 산책하다가 운동 기구가 있어서 자전거 기구에 앉았다. 그동안 왜 모기가 물지 않는지에 대한 해답을 주려고 그랬는지 큰 모기 한 마리가 발목 주위를 계속 '웽' 하며 도는 것이다. 그래서 가만히 지켜보았다. 모기는 앉으려고 빙빙 돌았지만 정작 앉지는 못하였다. 그렇다. 모기도 내 몸에 하나님의 불이 있으니까 물지 못하는 것이다.

이처럼 마지막 때에 불로 태워지고 정결하게 되어 하나님 영광의 집이 되는 자들을 악한 세력들이 해하지 못할 것이다. 주님은 마가복음 16장 17-18절에서 "믿는 자들에게는 이런 표적이 따르리니 곧 저희가 내 이름으로 귀신을 쫓아내며 새 방언을 말하며 뱀을 집으며 무슨 독을 마실지라도 해를 받지 아니하며 병든 사람에게 손을 얹은즉 나으리라"고 약속하셨다. 바울 사도는 죄수의 몸으로 로마로 호송될 때, 유라굴로 풍랑을 만나 파선해서 내린 멜리데 섬에서 나무를 거두어 불에 넣다가 독사에게 물렸지만 아무 해를 받지 않았다(행 28장).

너무나도 현실과 동떨어진 것 같은 이야기를 나누었다. 두 분이 돌아가고 느낀 것은 그분들이 격려보다는 오히려 자신들이 처한 현실과는 너무 먼 이야기에 혹 소외감을 느끼거나 나를 교만하게 보지 않았을까 하는 생각이 들었다. 집에 들어와서 의자에 앉아 있는데 오른쪽 발목이 따끔해서 손바닥으로 쳤다. 작은 개미 한 마리가 한 번도 모기가 물지 않았다고 간증한 그 발목을 물었다.

"모기는 물지 못해도 개미는 물 수 있다. 방심하지 마라. 하나님께서 하시는 일에 대해 간증을 하더라도 상대방에게 자만심처럼 보이면 안 된다. 그들의 기분을 생각하라. 너무 거리가 멀어 도저히 따라가지 못하겠다고 실망감을 줄 수도 있다. 최대한 상대방을 배려하며 최대한 자신을 낮추어 진심으로 그들에게 도움을 주도록 하라. 방심하지 마라. 언제든 너도 다시 물릴 수 있다"는 가르침을 주신 것이다.

사람의 행위가 자기 보기에는 모두 깨끗하여도 여호와는 심령을 감찰하시느니라(잠 16:2).

교만은 패망의 선봉이요 거만한 마음은 넘어짐의 앞잡이니라 (잠 16:18).

젊은 처녀를 통한 교훈

불세례가 임한 후부터 하나님께서 빈번하게 꿈과 환상으로 말씀하셨다. 말일에 하나님의 신으로 모든 육체에게 꿈과 환상을 부어 주시리라는 요엘 선지자의 예언이 나에게 개인적으로 성취된 것이다. 처음 4년 반 동안은 빠짐없이 하루에 세 번의 꿈을 통해 가르치시고 진리를 알게 하시고 장래 일을 보여 주셨다.

2009년 1월 3일 새벽꿈이다. 기차를 탔는데 젊은 처녀가 내 무룰에 기댔다. 내리려고 짐칸에서 007 가방을 꺼냈는데 가방 안의 선물들이 없어졌고, 다른 것들도 열려 있었다. 이는 여자의 유혹에 마음이 팔리면 귀하게 받은 하늘의 은사와 시대적이고 비밀한 전략적 계시를 잃어버릴 수 있다는 경고적 가르침이다. 꿈에서 잃어버린 것들을 찾으려고 기차가 반대로 가려고 해서 뛰어내리려다가 깼다. 이것은 잘못하면 왔던 길로 돌아가는 퇴보를 할 수 있으니 그런 일을 당하지 않도록 조심하라는 훈계이다.

실제로 한국에서 비슷한 일을 경험하였다. 젊은 자매가 처음 왔는데 수요일 저녁과 기도회 때도 열심히 나오는 것이다. 기도회 때마다 잘 나와서 집사님들이 귀하게 여겨 잘해 주었다. 구역 예배에도 잘 참석해서 몇 달 후에는 한 식구처럼 여겼다. 그런데 석 달쯤 후에 갑자기 나오지도 않고 연락도 닿지 않았다. 수소문해서 알아보니 의도적으로 교회를 찾아다니며 남자 집사들에게 접근해서 돈을 갈취해 가는 행실이 안 좋은 사람이었다. 혹시나 해서 자주 들렀다는 안수집사 가게에 전화해 보았다. 아니나 다를까, 40만 원을 빌려 갔다는 것이다. 결국 찾지 못했지만, 다른 교회들에 비해 그 정도 손해로 끝난 것을 다행으로 여겼다.

아내가 나에 대해 잘하는 말이 있다. 너무 눈치가 없고, 공부는 잘하는데 사회생활을 하지 않아서 사람들의 의도를 잘 빨리 파악하지 못한다고……. 사실인 것 같다. 아내보다 지식은 많지만 삶의 지혜는 부족한 것 같다. 하나님이 힘들게 훈련시킨 나를 잃지 않으려고 조심하라고 주신 경고의 꿈이었다. 욥은 자신의 눈과 약속을 하였다. 그 약속은 자신을 넘어뜨리려고 유혹하는 것들에 눈길을 돌리지 않겠다는 것이다.

내가 내 눈과 언약을 세웠나니 어찌 처녀에게 주목하랴(욥 31:1).

성령이 진리로 인도하심

왜 성령받은 사람조차도 믿음이 성장하지 않고, 변화는 그림의 떡처럼 여겨질까? 그것은 첫째, 지속해서 성령 충만을 사모하지 않고, 둘째, 성령의 인도에 민감하지 않고, 셋째, 성령을 따라 행하지 않기 때문이다. 성경은 분명히 성령이 오시면, 우리를 진리 가운데로 인도하신다고 기록하고 있다.

그러하나 진리의 성령이 오시면 그가 너희를 모든 진리 가운데로 인도하시리니 그가 자의로 말하지 않고 오직 듣는 것을 말하시며 장래 일을 너희에게 알리시리라(요 16:13).

2020년 5월 8일의 일이다. 새벽 3시 40분 깨면서 "값비싼 향유를 주께 드린" 찬양이 나왔다. 다시 일어났을 때는 "내 주되신 주를 참 사랑하고" 찬양이 나왔다. 2017년 4월 12일 수난 주간의 영적 일지를 보게 하셨다. 첫째, 성령으로 교통함의 중요성과 영으로 인도받으면 진리를 알게 된다는 것이다. 그날은 2017년 수난 주간(4.9~15) 중에서도 수요일이었다. 예수님의 지상 사역 마지막 한 주간 중 수요일은 베다니의 마리아가 예수님의 머리에 값진 순전한 나드 한 옥합을 깨뜨려 부었고(막 14:3), 주님은 자신의 장례를 미리 준비하였다고 칭찬하셨다(막 14:8). 찬송가 속의 막달라 마리아와 다른 베다니의 마리아이지만, "값비싼 향유를 주님의 몸에 부어 주님에 대한 사랑을 표현했다"는 점에서는 맥락을 같이 한다. 2천 년 전 예수님께 향유를 부어 장례를 준비한 수난 주간에 있었던 일을 같은 수요일에 입술에서 나오게 하심은 주님의 수난에 동참하며, 그분을 최대로 사랑해야 함을 알게 하신 것이다.

둘째, 진리의 영으로 인도받으면 모든 은사 중에 가장 큰 은사이며, 영성의 최대 목표인 사랑(하나님과의 연합, 영광)에 이른다는 것이다. 다시 일어났을 때 나온 노래는 "내 주되신 주를 참 사랑하고"였다. 이는 영으로 인도받으면 진리를 알게 되는데, 진리 중에서도 최상의 진리인 사랑으로 인도한다는 것이다. 사랑은 믿는 자들이 가져야 할 최고의 덕목이다. 마태복음 22장 37-38절이다. "예수께서 가라사대 네 마음을 다하고 목숨을 다하고 뜻을 다하여 주 너의 하나님을 사랑하라 하셨으니 이것이 크고 첫째 되는 계명이요." 사랑은 모든 은사 중에 최상이다. 고린도전서 13장 13절에 "그런즉 믿음, 소망, 사랑, 이 세 가지는 항상 있을 것인데 그중에 제일은 사랑이라"고 하였다. 사랑은 영성의 가장 높은 단계인 하나님과의 연합이다. 이는 지성소의 영역이요, 이 단계에서 주님을 얼굴과 얼굴로 뵙게 된다. 영광으로 영광의 단계에 이르도록 인도하시는 것이다.

우리가 다 수건을 벗은 얼굴로 거울을 보는것 같이 주의 영광을 보매 저와 같은 형상으로 화하여 영광으로 영광에 이르니 곧 주의 영으로 말미암음이니라 (고후 3:18).

하나님은 성령의 진리로 인도받아 그분을 진심으로 사랑하고 그분과 연합하는 자에게 영광을 보이신다. 성령이 진리 가운데로 인도하셔서 사랑의 단계로 이끄시고 그 단계에 이르면 그분의 영광을 보이시는 것이다.

그러하나 진리의 성령이 오시면 그가 너희를 모든 진리 가운데로 인도하시리니…그가 내 영광을 나타내리니 내 것을 가지고 너희에게 알리겠음이니라 (요 16:13–14).

주님의 몸에 향유를 부은 마리아는 진심으로 주님을 사랑했다. 그것은 주님의 장례를 준비한 일이며, 그 여인의 행함은 복음이 전파되는 곳마다 전해져야 한다고 주님이 칭찬하신 것은 제자들보다 주님을 더 사랑했다는 말이다.

이러한 영적 경험을 나누는 목적은 첫째, 성령으로 인도받으면 이전에 몰랐던 진리를 알게 되고, 주님을 더욱 추구하며 영적으로 전진해 나아가게 된다는 사실이다. 둘째, 성령과 교통하고 진리로 인도받으면 자신의 영적 현주소를 알게 되고 다음 단계로 인도하신다. 셋째, 주님과 하나 되는 사랑의 연합으로 이끄신다는 사실을 알게 하기 위함이다. 이것이 주님이 원하시는 것이며, 우리가 이 목표에 도달하도록 기도하신 것이 요한복음 17장의 예수님의 대

제사장 기도이다.

저희를 진리로 거룩하게 하옵소서 아버지의 말씀은 진리니이다
(17:17).

아버지께서 내 안에, 내가 아버지 안에 있는 것 같이 저희도 다 하나
가 되어 우리 안에 있게 하사 세상으로 아버지께서 나를 보내신 것
을 믿게 하옵소서(17:21).

내게 주신 나의 영광을 저희로 보게 하시기를 원하옵나이다(17:24).

주님과의, 성령과의 교통은 우리로 사랑, 하나님과 연합, 영광
에 이르게 한다.

여호와의 영광 곧 우리 하나님의 영광을 보리로다(사 35:2).

내 주되신 주를 참 사랑하고 곧 그에게 죄를 다 고합니다
큰 은혜를 주신 내 예수시니 이전보다 더욱 사랑합니다

주님의 재림을 알리는 '팡파르!'

2009년 3월 3일 일기이다. 성령의 인도를 받으면 세밀히 진리
로 인도된다. 성령은 진리의 영이기에 우리를 하나님의 뜻 가운데

로, 하나님이 원하시는 길로 인도하시는 것이다.

그러하나 진리의 성령이 오시면 그가 너희를 모든 진리 가운데로 인도하시리니(요 16:13).

지난주 '하나님 나라 시리즈 III'으로 하나님 나라에 대한 설교를 끝내려 하였다. I. 하나님 나라가 가까웠다, II. 하나님 나라가 임하였다, III. 하나님 나라가 너희 안에 있다. 다음날 월요일 새벽에 "팡파르!"라는 음성이 들려왔다. 그 음성을 듣고 IV. 주님의 재림, V. 천년 왕국, VI. 영원한 하나님 나라에 대해 시리즈로 설교할 마음을 갖게 되었다. 전도사님에게 "그동안 설교문을 잘 받고 있는데 예수님 재림 후에 어떤 일이 일어나는지 순서대로 알려 주세요"라는 메일이 왔다. 이를 계기로 재림 후에 일어날 일, 7년 대환난, 공중 혼인 잔치, 지상 재림, 천년 왕국, 새 하늘과 새 땅에 대해 계속 시리즈로 설교하게 되었다.

"팡파르!" 재림에 대해 설교하라는 것이다. 그 덕분에 새 하늘과 새 땅까지 시리즈로 준비할 수 있었다. 성령의 음성을 듣고 순종하면, 하나님의 계시적 진리로 인도되며 좋은 결과로 나타난다.

주의 빛과 주의 진리를 보내어 나를 인도하사 주의 성산과 장막에 이르게 하소서(시 43:3).

"팡파르!" 이 음성을 듣고 깊이 생각하게 된 것은 주님의 음성을 듣는 예언적인 교회는 소망이 있다는 것이다. 대부분 종말이나 계시록을 이야기하면 지구의 종말이나 아마겟돈 핵전쟁을 연상한다. 점점 어둠이 땅을 덮고 캄캄함이 만민을 가리는 성경의 예언이 성취되고 있으며, 세상 끝의 징조가 처처에 지진과 기근, 난리와 난리의 소문을 들으면 믿는 자도 두려워할 수 있지만, 세상 끝 날은 주님이 신부인 교회를 데리러 오시는 공중 혼인 잔치가 가까웠음을 알리는 징조이다. 팡파르는 전쟁의 승리나 축하를 알리는 기쁜 소리이기 때문이다. 무엇보다도 이 팡파르가 주님의 재림을 알리는 나팔 소리라면 성경의 모든 예언이 성취될 때라는 것을 알 수 있다.

성경은 마지막 때 물이 바다 덮음 같이 여호와의 영광을 아는 지식이 세상에 가득할 것을 예언했다(합 2:14). 이제 예수님 재림 전에 전 세계적인 추수로 이어질 전무후무한 부흥이 시작될 것이다. 이제부터 일어나는 부흥은 우리의 상상을 초월할 것이다. 존 웨슬리, 무디, 찰스 피니, 조나단 에드워드의 부흥, 아주사 부흥과 오순절 운동, 20세기 중반에 일어난 늦은 비 운동, 평양 대부흥 등을 합한 것보다 더 강력한 대부흥이 밀려올 것이다.

오래전에 짐 러즈(Jim Rutz)는 그의 책 《메가쉬프트 Megashift》에서 초대교회 때 하루에 3천 명이 회개하는 역사가 있었다면, 오늘날은 전 세계에서 이러한 일들이 25분마다 한 번씩 일어나고, 하루에 175,000명의 그리스도인이 생겨난다고 하였다. 초대교회 때 일어난 놀라운 이적과 기사가 급속한 복음 전파를 위해 곳곳에서 일어나고, 전 세계에서 죽은 자가 살아난 기적이 52군데에서 올라오고 있다고 하였다. 이러한 복음 운동을 'Core Apostolic'이라고 부른다. 이 운동의 특징은 병 고침의 역사를 동반한 기적과 하나님 나라를 퍼뜨리려는 마음을 가진 새로운 교인들이라는 것이다. 이 시대에 하나님 자신이 전 세계에 하나님 나라의 부흥을 가져오고 계신다. "팡파르"라는 음성을 듣고, 다가온 대부흥과 대추수의 시대를 향한 하나님의 계획을 알고 동참해야 한다는 확고한 소망을 갖게 되었다.

18세기 미국의 기독교 지성과 영성을 대표한 조나단 에드워즈는 《기도 합주회》라는 책에서 이렇게 예언하였다.

"지금은 소수의 그리스도인이 몇몇 나라에 흩어져 있지만, 그때에는 모든 나라가 기독교로 개종할 것이며, 모든 나라가 그리스도인으로 가득 찰 것이다. 그리스도인의 증가는 일반 인구의 증가보다 더 클 것이다. 일반 인구의 증가율이 단 단위라면 그리스도인의 증가율은 천 단위는 아니어도 백 단위는 족히 될 것이다. 결국 그 시기에 그리스도의 구원에 참여하게 될 참된 그리스도인의 수는 다른 시기에 그리스도인이 된 사람들의 총계보다 더 많을 것이다."

700인 클럽으로 유명한 팻 로버트슨 목사는 이렇게 이야기하였다.

"나는 우리가 극적으로 증가하는 표적들, 기사들, 치유들, 계시들, 천사들의 방문과 꿈들을 보게 될 것이라고 믿는다. 나는 하나님께서 교회에 성령을 부으시며 앞으로 몇 년 안에 더 강렬해질 것이라고 믿는다. 우리는 우주의 돌아서는 바로 그 끝에 살고 있다. 알지도 경험하지도 못한 엄청난 부흥이 우리의 생애 안에 일어나게 될 것이다."

장래 일을 알게 하심

마지막 때에 부어 주시는 성령의 기름 부음 중 두드러진 특징은 장래 일을 알게 하신다는 것이다.

그 후에 내가 내 신을 만민에게 부어 주리니 너희 자녀들이 장래 일을 말할 것이며(욜 2:28).

그가 자의로 말하지 않고 오직 듣는 것을 말하시며 장래 일을 너희 에게 알리시리라(요 16:13).

우리 믿음의 토대는 당연히 믿음의 대상인 하나님과 그분의 기록된 말씀이다. 하나님을 믿고 그분의 약속하신 말씀을 믿는 자에게는 능치 못함이 없다. 그리고 그 믿음에는 역사하는 힘이 많다.

할 수 있거든이 무슨 말이냐 믿는 자에게는 능치 못할 일이 없느니라(막 9:23).

내게 능력 주시는 자 안에서 내가 모든 것을 할 수 있느니라(빌 4:13).

그럼에도 불구하고 시대적이고 미래적인 하나님의 역사에 동참하기 위해서는 단순한 현재적 믿음 위에 순종과 희생과 오랜 인내라는 요소들이 구비되어야 한다. 인내, 즉 오래 참음이 하나님의 약속을 받는 비결이며, 하나님의 역사에 쓰임받게 되는 필수불가결한 성령의 열매이다. 인내가 구비된 믿음이 약속을 받는 온전한 믿음이다. 아브라함은 오래 참아 약속을 받았다(히 6:15). 그리고 믿음의 조상이 되었다. 이는 인내가 구비되어야 약속을 받기에 완전한 믿음임을 알려 주는 것이다.

> 너희에게 인내가 필요함은 너희가 하나님의 뜻을 행한 후에 약속을 받기 위함이라(히 10:36).

성령께서 장래 일을 보여 주셔서 우리 믿음의 인내를 가능하게 하신다. 하나님은 아브라함에게 그의 미래적 약속들을 보여 주셨다. 시대적 · 미래적 약속을 받는 비결은 성령님께 꿈과 환상과 음성으로 장래 일에 대한 계시를 지속해서 받는 데 있다. 그것은 주님과의 친밀한 관계에서 온다. 바울 사도는 마지막으로 가는 예루살렘에서 결박과 환난이 기다리고 있었지만, 그가 복음 증거하는 일을 마치게 될 것이라는 미래적 약속을 성령님께 받았다(행 20:22-24). 그리고 로마로 호송되어 가는 도중 풍랑을 만나 살 소망이 끊어지고 선주와 선장과 선원들조차도 어떻게 될지 알지 못할 때, 천사가 알려 준 대로 "여러분이여 안심하라 나는 내게 말씀하신 그대로 되리라고 하나님을 믿노라"(행 27:25)고 담대히 말하였다. 담대한 믿음, 끝까지 인내하는 믿음은 이처럼 성령께서 장래 일을 지속해서 보여 주시고 들려주실 때 가능하다. 장래 일을 알리시는 삶의 목적과 사명에 대한 꿈으로 주어지고, 그다음에는 징검다리 꿈들을 통해 미래적 약속으로, 그 약속에 대한 확증과 방향에 대해 점진적이며 지속적으로 보여 주신다.

내 경우에는 대부분의 꿈과 환상들이 장래적 일에 대한 것이었다. 지금까지 오랜 시간 기다리는 동안 주님께서 믿음을 강화해 주셨고, 큰 약속을 받을 성품과 인내까지 준비하도록 훈련하셨다. 아직 성취되지 않았지만, 확신에 서 있는 장래 일에 대한 꿈 한 가지를 소개한다. 2008년 2월 23일 새벽꿈에, 스타디움 안에 사람들이 빽빽이 들어선 것과 교회를 보여 주셨다.

그로부터 3년이 지난 2011년 11월 11일에 하나님의 음성을 듣고 미국 지도자 세 명과 다민족 기도회를 시작하였다. 나는 한인 코디네이터로 한인 교회를 동원하는 사역을 맡아서 불과 4개월 만에 160여 교회와 12,000여 명의 중보 기도자, 2만여 명의 타민족 성도들과 함께 파사데나 로즈볼에 모여 캘리포니아와 미국의 부흥을 위해 기도하는 일이 현실로 나타났다. 그 이후 여덟 차례나 스타디움과 컨벤션 센터에 수만, 수천 명이 빽빽이 모인 것을 미리 보게 하셨으니, 이제부터 교회에도 하나님이 주도하시는 부흥이 일어나 빽빽이 모일 것을 당연히 믿게 되었다. 같은 날 꿈에 스타디움에도, 교회에도 빽빽이 사람들이 들어서 있었기 때문이다. 그때 캘리포니아와 미국의 부흥을 위해 먼저 그의 나라와 그의 의를 구하면, 이 모든 것을 더하시리라고 하신 약속을 믿음으로 교회에 선포하였다. 또한 주님께서 귀에 속삭이듯이 "한꺼번에 부흥이 올 것이다"라고 앞으로의 부흥을 말씀하셨다. 이처럼 성령께서 장래 일을 알려 주시는 것이다. 믿음은 바라는 것들의 실상이며 보지 못하는 것들의 증거이다(히 12:1). 믿는 자가 복되다.

나는 오늘도 내일도 믿는다. 하나님의 약속은 상황과 관계없이 그분의 때에 반드시 성취될 것이다. 나에게는 장래적 일이지만, 하나님께는 이미 성취된 것이나 다름없다. 오직 믿음과 인내로 기다리는 동안, 하나님의 크신 역사의 통로로 준비되는 일만 남았다.

3장

꿈으로
말씀하시는
하나님

영의 언어

꿈은 하나님께서 그분과 친밀한 관계에 있는 그리스도인에게 가장 보편적으로, 정기적으로 사용하시는 대화 통로이다. 성경에는 하나님께서 그분의 선지자들과 택하신 사람들에게 지시하시고, 인도하시고, 교정하시고, 가르치시는 방법의 꿈 이야기가 많이 나온다. 꿈은 하나님의 언어이며, 영의 언어이다. 낮에는 육신과 정신이 깨어 있기 때문에 밤중에 자지 않는 영에 하나님께서 말씀하시는 것이다.

사람이 침상에서 졸며 깊이 잠들 때에나 꿈에나 밤의 이상 중에 사람의 귀를 여시고 인치듯 교훈하시나니 (욥 33:15-16).

영에 심어진 하나님의 꿈이 깨어나면서 의식(혼, 마음) 안으로 옮겨 오면, 마음으로 우리 영에 심겨진 하나님의 뜻을 깨닫게 된다.

이는 하나님과 항상 친밀한 관계에 있기 원하고, 하나님의 뜻에 순종하려는 믿음의 자세를 가진 자와의 대화이며 지극히 자연적이다. 이는 일 년에 한두 번 정도의 기억되는 꿈을 말하는 것이 아니다. 대화의 통로로 수시로 아주 세밀한 것까지 보여 주시는 것을 말한다. 많은 경우에는 꿈꾸는 자의 현재 영적 상태를 보여 주시는데, 퇴보 상태에 있으면 경고로, 답보 상태에 있으면 더욱 주님께 가까이 가도록 격려하신다.

한 예로, 한동안 새벽에 일어나 주님을 묵상하는 일을 게을리했을 때, 한때 도도하게 흐르던 강폭이 줄어든 광경을 꿈으로 보여 주셨다. 이는 하나님 임재의 강물과 성령 충만의 감소를 뜻하는 것으로 새벽 기도회에 나와서 자신과 교회의 기도 제목을 기도하는 것으로는 하나님의 임재를 증가시키지 못한다는 것이다. 물이 바다를 덮음 같이 도시와 열방으로 흘러가는 거대한 강물이 되기 위해서는 반드시 하나님을 찬미하며, 그분을 묵상하는 주님과의 친교를 더욱 게을리하지 않아야 한다는 것을 보여 주신 것이다.

한편으로는 종종 주님의 얼굴과 그분의 영광을 추구하는 여정 가운데 닥쳐올 어려움을 예언적으로 보여 주셔서 그 어려움이 닥쳐올 때, 포기하지 않고 인내로 넘어가게 하신다. 무엇보다도 소망적인 것은 그 인도의 여정을 따라갈 때, 도달하게 될 자기 사명의 목적지와 수확하게 될 추수의 기쁨을 꿈으로 보여 주신다. 이는 요셉의 꿈이 이루어지는 것 같은 열방 구원을 위한 하나님의 계획을 성취하게 하시는 것이다.

그 후에 내가 내 신을 만민에게 부어 주리니 너희 자녀들이 장래 일을 말할 것이며 너희 늙은이는 꿈을 꾸며 너희 젊은이는 이상을 볼 것이며(욜 2:28).

산꼭대기에서는 춤을 춘다

하나님이 주시는 꿈들은 그 종류와 패턴이 다양하다. 그중 가장 중요하고 비중이 큰 꿈은 삶의 목적과 궁극적 사명에 대한 것이다. 하나님의 시대적인 뜻과 목적을 이루기 위해 택하신 사람에게 선택의 여지가 없고, 흔들리지 않을 확정된 사명을 주시는 것이다. 그 사람에게는 그것이 삶의 목적이 되는 동시에 평생의 사명이 된다.

나의 달려갈 길과 주 예수께 받은 사명 곧 하나님의 은혜의 복음 증거하는 일을 마치려 함에는 나의 생명을 조금도 귀한 것으로 여기지 아니하노라(행 20:24).

삶의 목적과 궁극적 사명의 꿈을 받은 사람들을 목적지로 인도하기 위해 주시는 꿈을 방향 인도 꿈, 혹은 방향 지시 꿈이라고 한다. 목적지가 서울이면 중간중간 대구나 대전 등의 표지판을 통해 가는 방향과 어느 지점까지 왔는지를 알게 되는 것과 같다. 그렇지 않으면 중도에 길을 잃고 포기할 수도 있기 때문에 하나님께서 수시로 지시적 꿈을 주신다. 대체로 삶의 목적과 궁극적 사명의 꿈은 하나님이 그 목적으로 부르시는 초창기에 주시고, 방향 인도 꿈은 성취를 향해 나아가는 과정 중에 시시때때로 주신다. 그리고 그러한 꿈들은 삶의 목적이 구체적으로 열매로 나타나고 성취되기 전까지 그 자리에 이르도록 주시는 것이다. 나는 나의 마지막 사명이 49세 때 하나님께서 내 마음에 두신 소원을 따라 선교학 교수가 되어 선교사를 훈련하여 파송하는 것으로 알았다.

> 너희 안에서 행하시는 이는 하나님이시니 자기의 기쁘신 뜻을 위하여 너희로 소원을 두고 행하게 하시나니(빌 2:13).

그러나 하나님께서 그 길을 막으시고 만 51세에 교회 회복과 마지막 영광의 부흥에 대한 궁극적 사명을 주셨다. 그것이 하나님으로부터 온 것임을 부인할 수 없도록 수없이 꿈과 환상과 들리는 음성으로 확정해 주셨다. 그러나 그 부르심을 받은 나에게는 아내와 아직 결혼하지 않은 세 딸이 있었다. 그래서 하나님께서 나뿐만 아니라 아내와 딸들에게도 내가 가는 길이 맞다는, 그 희생과 인내에 동참해야 한다는 것을 알도록 가족들에게도 동일한 확증과 인도의 꿈들을 주셨다. 아내는 자신에 대한 궁극적 사명을 구체적으로 받지 못했지만, 내가 받은 교회 회복의 사명의 길에 함께 가야 할 사명임을 알고 있을 뿐 아니라, 순종하며 가는 길에 쉽게 포기하지 않을 동일한 방향 인도의 꿈을 수시로 꾸고 있다. 남편의 길을 힘들게 따라가는 것이 아니라 자신이 주체가 되어 그 길을 가고 있음을 하나님께서 보여 주시는 것이다.

2011년 4월 9일 새벽에 아내가 꾼 꿈이다.

아내는 높고 가파른 산을 아기를 업고 기어 올라가고 있었다. 힘들게 풀뿌리와 나무를 붙들고 올라가고 있는데 사람들이 힘든데 왜 아기까지 업고 오르느냐고 하였다. 아내는 그들에게 "산을 처음 탑니다. 나는 아기가 있습니다"라고 말했다. 또 사람들이 "산을 잘 타는 것을 보니 젊었을 때 많이 탄 것 같다"고 말했다. 아내는 또 "그것이 아니라 나는 아기가 있습니다"라고 대답하였다. 그러다가 산꼭대기에 다다르니 많은 과일이 있었다. 하나님께서 "다른 산에 올라가 남편과 함께 춤을 추어야 한다"고 하셨다.

높고 가파른 산을 올라가는 것은 일반적인 소명(사명)이 아니라, 더 높은 궁극적 소명(사명)으로 올라가야 한다는 것이다. 도봉산에 올라가서 "야호!" 하고 내려오는 것이 아니라, 에베레스트산처럼 높은(거룩한) 곳으로 풀뿌리라도 붙잡고 올라가야 한다는 것이다. "산을 처음 탑니다. 나는 아기가 있습니다"는 이런 고생은 처음이지만(거룩한 곳으로 올라가는, 실제로도 고난이 심한), 아기 곧 하나님이 주신 비전(약속)이 있다는 고백이다. 산꼭대기에 다다른 것은 사명의 장소에 이른 것이고, 많은 과일은 그에 따르는 축복을 보게 될 것을 말해 준다. 또 다른 산에 올라가서 남편과 함께 춤을 추어야 한다는 것은 축복의 열매에만 머물지 말고, 하나님을 기쁘게 하고 그분을 영화롭게 경배하라는 교훈이다. 이처럼 궁극적 사명 성취의 길은 믿음과 순종을 넘어서서 많은 희생과 포기하지 않는 인내가 필요하다는 것을 아내에게도 보여 주신 것이다. 그것도 힘들어도 버려서는 안 될 아기(약속)를 업고 말이다. 축복을 받았을 때도 하나님을 경외하는 삶을 살라는 장래에 대한 삶의 지침을 주신 것이다.

하나님이 주시는 꿈과 환상, 그분의 음성에 수시로 경탄하는 것은 따로따로 주셨지만, 동일한 의미를 알려 주시는 경우이다. 나에게도 "다음 장소에 가서는 춤을 춘다. 춤을 추라 그러지 않으면 무엇인가(마지막 영광의 부흥) 놓친다"라고 말씀하시면서 가장 높은 경배는 하나님 앞에서 춤을 추는 것이라고 알려 주셨다. 그리고 아내에게도 앞으로 필연적으로 나타날 사명의 성취와 성공에 따르는 축복의 열매에 연연하지 말고, 또 다른 산(하나님의 임재, 하나님과 연합, 하나님의 보좌)에 올라가 하나님을 경배하라는 교훈의 꿈을 주셨다.

하나님은 꿈으로 말씀하신다. 하나님의 뜻과 시대적 경륜을 구하는 자에게 삶의 목적과 궁극적 사명의 꿈을 주시고, 그 사명의 목적지로 가는 길을 알려 주시는 방향 지시적 인도의 꿈인 징검다리 꿈, 표지판 꿈을 주시는 것이다. 그곳에 도달하면 누리게 될 열매들까지 장래 일을 보여 주시며, 그것을 누리는 것보다 더 귀한 주님과의 교제와 참된 경배를 보여 주셔서 다윗처럼 그분의 얼굴과 영광을 사모하게 하신다.

꿈이 없고 하나님이 주시는 지식이 없으면, 우리의 힘과 믿음으로는 포기할 수밖에 없다. 궁극적 사명의 길이 멀고 가파르기 때문이다. 그러나 하나님께서 보여 주시고 들려주시면, 우리는 그 길을 능히 갈 수 있고, 사망의 음침한 골짜기를 지나는 여정에서 주께서 나와 함께하시는 확신과 기쁨을 맛볼 수 있다. 그리고 약속이 성취된 후에도 죽을 때까지 다윗처럼 주의 얼굴과 영광을 사모할 수 있다.

주여 지난밤 내 꿈에 뵈었으니 그 꿈 이루어 주옵소서
밤과 아침에 계시로 보여 주사 항상 은혜를 주옵소서
나의 놀라운 꿈 정녕 나 믿기는 장차 큰 은혜받을 표니
나의 놀라운 꿈 정녕 이루어져 주의 얼굴을 뵈오리라

사람은 무관히 여겨도 하나님은 한번 말씀하시고 다시 말씀하시되 사람이 침상에서 졸며 깊이 잠들 때에나 꿈에나 밤의 이상 중에 사람의 귀를 여시고 인치듯 교훈하시나니 이는 사람으로 그 꾀를 버리게 하려 하심이며 사람에게 교만을 막으려 하심이라 (욥 33:14-17).

신뢰와 순종

우리는 요엘 선지자가 예언한 꿈과 환상과 장래 일에 대한 계시가 쏟아지는 계절에 살고 있다(욜 2:28). 오늘날 하나님께서는 하늘 문을 여시고, 세계 곳곳에서 그분과 친밀한 교제를 나누기 원하는 사람들에게 다양하고 놀라운 방법으로 말씀하신다. 주님과의 친밀한 교제를 추구하는 자들에게 주님은 그 자신과 그분의 뜻을 계시하신다. 시편 25편 14절은 "여호와의 친밀함이 경외하는 자에게 있음이여 그 언약을 저희에게 보이시리로다"라고 하였다. 꿈을 주시는 목적은 사람의 마음에 하나님 자신의 마음을 나타내시기 위함이며, 우리가 하나님의 뜻을 알고 그에 응답하는 것이다. 주님은 그분의 나라를 위해 우리에게 꿈을 주시고 그분을 신뢰하며 추구하는가를 보기 위해 기다리신다. 오늘날 많은 사람이 하나님으로부터

온 꿈들을 갖고 있으며, 그것들이 실체로 나타나기를 기다리고 있다. 중요한 것은 첫걸음을 내딛고 당신의 꿈들을 시도하는 것이다.

하나님께서는 꿈을 주신 후에 우리가 그분을 신뢰하는지 추구하는지를 보신다. 우리가 믿고 추구하지 않으면, 성취되지 않을 것이다. 그러나 꿈을 주신 하나님을 신뢰하고 첫걸음을 내밀면, 우리의 남은 걸음을 신실하게 인도하실 것이다.

우리 중에 어떤 사람들은 지금 어떤 하나님 은혜의 장소에 있으며, 언제 움직여야 하는지 알 수 있는 상황에 있다. 우리가 하나님을 신뢰하면, 그분의 은혜가 각 장소에 임할 것이며, 움직여야 할 때를 성령 안에서 느낄 수 있다. 하나님은 신실하시며 그분께서 꿈을 주시는 이유가 있다. 꿈의 증가를 기대하고 이전에 없던 성령을 물 붓듯이 하시는 때를 위해 침대 곁에 펜과 노트를 두라. 성경은 꿈으로 가득 차 있다. 꿈에 대한 잘못된 선입견을 버려라. 많은 꿈과 환상은 예언적이며 역사를 바꾸었다. 꿈에 대해 분별력을 달라고 주님께 구하라. 존경하고 영적으로 신뢰할 만한 사람에게 꿈의 해석을 부탁하라. 만약 당신의 꿈이 주님으로부터 왔다면 그것은 이루어질 것이다.

> 여호와께서 내게 대답하여 가라사대 너는 이 묵시를 기록하여 판에 명백히 새기되 달려 가면서도 읽을 수 있게 하라 이 묵시는 정한 때가 있나니 그 종말이 속히 이르겠고 결코 거짓되지 아니하리라 비록 더딜찌라도 기다리라 지체되지 않고 정녕 응하리라 (합 2:2-3).

영적 신학교를 해야 한다

오늘날도 하나님과의 친밀한 교제 속에 있는 사람들에게 꿈으로 말씀하신다. 우리의 육체와 혼(정신)이 잠자고 있을 때, 우리의 영에 인치듯이 그분의 뜻을 계시하시는 것이다.

2014년 3월 30일 새벽꿈이다.

사각으로 된 체육관에 빈자리가 없을 정도로 수천 명이 앉아 있었고, 복도까지 들어차 있어 걷기조차 힘들 정도였다. 젊은 사람들이 많았던 것 같다. 한 바퀴 돌아서 무대 쪽으로 가는데 내적 음성이 들려왔다. "영적 신학교를 해야 한다. 지금의 신학교가 아니라 영적 신학교를 해야 한다. 영적인 것을 가르치는 신학교다!" 그러지 않아도 영광의 부흥이 일어나면, 킹덤 빌더즈 대학을 할 비전을 오래전에 주셨다. 그 전달에 "이제 바쁘게 일해야겠다. 한꺼번에 모든 것을 해야겠다"는 생각을 주셨고, 이런 학교를 설립하는 방법을 알아보기도 하였다. 그런데 다시 "영적 신학교를 해야 한다"고 하신 것이다. 조만간 어떤 일이 있을 것이기에 계속 보여 주시는 것이다.

나는 한국, 영국, 인도, 미국의 여러 신학교에서 신학과 선교학을 공부하였다. 풀러신학대학원에서 선교학 박사 과정을 할 때, Ph.D(철학박사)는 'Perfect Head Damage - 머리가 완전히 맛이 간', TH.D(신학박사)는 'Total Head Damage - 머리가 전부 맛이 간'이라는 우스갯소리가 있었다. 공부할수록 학적이고 지적으로 무엇을 배운 것 같으나, 실제 사역에는 도움이 되지 않는 신을 연구하는 신학의 한계를 비꼬는 말이다. 그래서 어떤 사람이 이를 좋은 의미로 해석한 것을 보았다. B.A(학사)를 'Born Again – 거듭남,' M.A(석사)를 'Make a New – 새것으로 만듦,' Ph.D(철학박사)를 'Praise Him Daily – 매일 주님을 찬양함,' Th.D(신학박사)를 'Thank Him Daily – 매일 주님께 감사함'이다. 한국에서 신학을 할 때도 비슷한 말을 들었다. 처음 은혜를 받고 신학교 입학하면 목사가 다 된 것같이 생각했는데, 2학년이 되면 장로가 되고, 3학년이 되면 집사가 되고, 졸업할 때는 초신자처럼 은혜가 떨어진다는 것이다.

바울 사도는 에베소 교회를 향해 "우리 주 예수 그리스도의 하나님, 영광의 아버지께서 지혜와 계시의 정신을 너희에게 주사 하나님을 알게 하시고"(엡 1:17)라고 기도하였다. 사람이 하나님을 연구하는 신학으로는 하나님을 바로 알 수 없다. 하나님이 자신을 계시해 주셔야 비로소 하나님을 알게 되는 것이다. 성령이 오셔야 진리로 인도하시는 것이다(요 16:13). 기름 부음이 우리를 가르치는 것이다(요일 2:27). 무당들도 95퍼센트가 학습 무당이고, 5퍼센트만 강신 무당이라는 말을 들은 적이 있다. 대부분 배워서 하는 것이고 정말 신이 내려서 하는 경우는 적다. 목사도 학습 목사가 있고, 강신 목사가 있다. 정말 하나님의 신에 감동되어 성령 충만하고 성령의 능력으로 사역하는 목사라야 바른 목사이다.

우리가 주님을 인격적으로 만나고 그분에게 배우면 믿음이 배가되고 은혜가 새롭게 되어 성령에 충만하게 된다. 그로 인해 그분의 영적 신학교를 졸업하면, 예수님의 제자들처럼, 바울 사도처럼, 빌립과 스데반 집사처럼 성령이 충만한 능력의 사람들이 되어 복음을 전파하고 많은 사람을 구원으로 이끌 수 있다.

예수님의 제자들은 오늘날의 신학교처럼 여러 과목을 배운 것이 아니었다. 예수님에게 천국에 대해, 율법을 재해석하는 진리에 대해 배우며 그분과 함께 지냈을 뿐이다. 주님이 부활 승천한 후에는 오순절 성령을 받고 그 능력으로 복음을 전파하며 예수의 이름으로 병을 고치고 귀신을 쫓아내었다. 예수님의 3대 사역은 천국 복음을 전파하고 가르치고 모든 병과 모든 약한 것을 고치는 것이었다(마 4:23). 이것이 천국이 임한 것을 보여 주는 주님의 사역이다. 제자들도 이런 사역을 위해 보냄을 받았다(마 10:1, 8).

지금의 신학교 현실은 어떠한가? 성령받지 않아도 신학교를 졸업하면 목사가 되고 선교사가 될 수 있다. 더구나 신학교에서는 예수님이 가르치신 것처럼 병을 고치고 귀신을 쫓아내는 사역은 가르치지 않는다. 오히려 터부시하는 경향이 있다. 사역 현장에서 신학교에서 배운 과목들은 별 도움이 안 된다. 오늘날 대부분의 신학교가 인본주의 신학의 범주를 벗어나지 못하고 있다. 선교사라면 당연히 주님의 증인되기 위해 성령의 권능을 받고 복음을 전하며 병을 고치고 귀신을 쫓아낼 수 있어야 한다. "오직 성령이 너희에게 임하시면 너희가 권능을 받고 예루살렘과 온 유대와 사마리아와 땅 끝까지 이르러 내 증인이 되리라"(행 1:8)고 하셨다. 마가복음 16장 17-18절에 "믿는 자들에게는 이런 표적이 따르리니 곧 저희가 내 이름으로 귀신을 쫓아내며 새 방언을 말하며 뱀을 집으며 무슨 독을 마실지라도 해를 받지 아니하며 병든 사람에게 손을 없은즉 나으리라"고 하였다. 오늘날 교단이나 단체에서 선교사를 파송할 때, 성령의 권능을 받았는지는 묻지도 않고, 자격 요건에 들어가지도 않는다. 그래서 선교지에서 신학교나 교회를 세워 한국 교회처럼 제자 훈련이나 성경 공부만 하거나, 긍휼 사역 차원에만 머무는 것이다.

그래서 "영적 신학교를 해야 한다!"고 하셨다. 이제부터 일어날 부흥은 온 세상을 영광으로 덮는 수많은 영혼이 주께 돌아올 마지막 열방 추수가 될 것이다. 그러므로 초대교회처럼 성령의 권능으로 강력하게 천국 복음을 전파하고 병을 고치고 귀신을 내쫓고 하늘의 악한 영들과의 전쟁에서 승리할 영적 군사들을 양성해야 한다. 군사들의 무기가 다양하듯이, 다양한 은사를 받아 전쟁에서 승리하도록 하나님의 전신갑주로 무장시켜야 한다. 그리고 하늘의 전략을 받는 영적 장군들을 준비시키고 영적 군대를 훈련할 영적 지휘관들을 양성해야 한다. 이를 위해 "영적 신학교를 해야 한다!"고 하신 것이다.

병든 사람에게 손을 얹은즉 나으리라

2006년 4월 7일 새벽에 "병든 사람에게 손을 얹은즉 나으리라"고 소리치고 깨었다. 아내도 비슷한 꿈을 꾸었다고 했다. 꿈에 "나의 동기들을 포함하여 많은 목사가 우리 부부 주위에 있는데, 생활의 어려움을 참지 못하고 다 돌아가고 우리 부부만 남았다. 병든 사람들이 줄을 서 있고 한 유방암 환자를 위해 내가 간절히 울며 기도했다"는 것이다. 병 고치는 사역에 대한 확증을 주신 것이다. 이 이야기를 듣고 "하나님께서 하시는 것이라면 다시 한번 확증해 주세요"라고 기도하였다. 성경을 펼치자 고린도전서 12장 9절이 눈에 들어왔다. "다른 이에게는 같은 성령으로 믿음을, 어떤 이에게는 한 성령으로 병 고치는 은사를."

주님께서 나에게 "병든 사람에게 손을 얹어 기도하라. 그리하면 병이 나을 것이다. 병 고치는 은사를 주셨다"고 말씀하신 것이다. 그즈음 금요일마다 금식하고 있었고 몸 여러 곳에 성령의 임재가 느낌으로 나타나곤 하였다. 가슴에 불이 '확확' 오기도 하고 왼쪽 귀에 '꿀룩꿀룩' 소리가 들리고, 오른쪽 옆구리 뒤쪽 근육이 '꿀룩꿀룩' 움직이며, 왼쪽 입 주위가 '실룩실룩' 움직이고, 목이 '찌르르' 하고 진동이 자주 왔다.

다음날 새벽에는 "믿음으로 행하라!"고 소리치며 일어났다. "병든 사람에게 손을 얹으면 나으리라"는 말씀을 그대로 행하라는 주님의 음성이었다. 어제 그 음성을 듣고도 병 고치는 역사가 일어나지 않으면, 여기 있을 필요가 없고 한국으로 돌아가겠다고 생각했다. 그래서 "믿음으로 행하라"고 하신 것이다.

성령으로 충만한 사람은 항상 행동한다고 하시는 것 같다. "네가 믿으면 하나님의 영광을 보리라. 믿음 테스트"라고 하셨다. 병을 고치는 분은 전능하신 하나님이다. 믿음이 관건이다. 행동하는 믿음에 역사가 나타난다. 행동하지 않으면 큰 것을 놓칠 수 있다. 시작할 때 약속이 나타난다. 성령세례, 불세례는 성령의 역사, 곧 나타남을 위한 것이다. 그저 하나님을 믿고 행하라 하신다. 그분이 행하실 것이다. "만일 당신이 어떤 것을 말한다면, 반드시 그렇게 되도록 하나님과 함께 서야 한다"는 글을 읽은 적이 있다. 하나님의 약속은 어느 한 구절도 실패하지 않는다.

그 종 모세를 빙자하여 무릇 허하신 그 선한 말씀이 하나도 이루지 않음이 없도다(왕상 8:56).

그동안 성령의 감동을 받아 한 말은 그대로 이루어지는 것을 경험하였다. 그것도 하나님의 말씀으로 확증해 주신 것은 믿음으로 행하면 반드시 이루어진다. 이틀 동안 수차례 치유 은사에 대한 확증을 주셨다. 이제 믿고 행하는 일만 남았다.

병든 사람에게 손을 얹은즉 나으리라(막 16:18).

아빠는 할 일이 많아서 안 죽는 것 같아요

우리 가족은 막내딸만 제외하고 모두가 하나님이 주시는 꿈을 꾼다. 막내딸은 환상의 은사가 있어서 하나님께 기도하고 물으면 보여 주신다. 주님은 어떤 것에 대한 교정이나 인도의 꿈은 물론 장래에 대한 꿈을 주신다. 그리고 어떤 일에 대해 기도하고 물으면, 그 답으로 꿈을 주실 때가 많다. 기도 응답을 꿈으로 받는 것이다. 지속해서 하나님이 주시는 꿈을 통해 하나님의 음성을 들으면 쉽게 불평하거나 실망하지 않고 좌절하거나 낙심하지 않는다. 응답이 더디고 여전히 약속을 기다리고 있어도 그 이유를 알고, 그 과정 가운데 하나님께서 원하시는 것을 알기 때문에 인내할 수 있다.

2011년 4월 7일, 큰딸이 지진에 대한 꿈을 꾸었다. 다음날 새벽에 나도 지진에 대한 꿈을 꾸었는데 내 앞까지 땅이 갈라져 오다가 발 앞에서 멈추는 것이다. 큰딸의 꿈에 상어가 삼키려고 했을 때, 순식간에 끌어 올려져 하늘의 전략 방에 있는 자기 모습을 보았고, 아빠는 벌써 와 있는 것을 보았다고 하였다. 그러면서 "아빠는 할 일이 많아서 안 죽는 것 같이 느껴졌다"고 하였다. 그때 1월에 일본 후쿠시마에 쓰나미가 닥쳐 수천 명의 사상자가 발생했고, 태평양 '불의 고리'에 연결되어 있는 미국 서부 해안에 쓰나미가 올 것이라는 예측 속에서 실제로 캘리포니아 인구가 줄 정도로 타 주로 이사 가고 기도하는 사람들조차도 불안해하였다.

예전에는 기도해도 현재 일어나는 일에 대한 이유와 앞으로 어떻게 될지에 대해 알지 못해서 염려와 근심, 실망과 회의가 많았다. 주님께서 "너희는 마음에 근심하지 말라 하나님을 믿으니 또 나를 믿으라"(요 14:1)고 하셨는데, 하나님을 믿어도 근심은 여전하였다. 눈에 보이거나 귀에 들리지 않기 때문이다. 그러나 하나님께서 나뿐만 아니라 온 가족에게 꿈으로 말씀해 주셔서 하나님의 약속을 기다리는 가운데 불평하거나 그만두자는 사람이 없다. 오히려 하나님께서 주신 꿈을 나누며 서로 격려할 수 있었다. 힘들고 어려운 시간을 순종과 희생과 인내로 감당할 수 있었던 것은 시대적 부흥의 사명 때문이다.

둘째 딸이 기도할 때 이런 환상을 보았다. 모래시계의 모래가 뭉쳐서 내려가지 않고 시간이 지연되었는데 갑자기 뚫리면서 빨리 내려가는 것이다. 하나님께서 지연되었던 것이 이제 풀릴 것을 보여 주신 것이다. 이 환상은 "하나님, 이것에 대한 확증을 주세요"에 대한 확증이 되었고, 얼마 전에 읽은 예언적 메시지 "지연된 것은 풀릴지어다!"를 상기시켜 주셨다. 하나님께 기도하고 또 약속을 기다리는 중에 보이지 않고 들리지 않으면, 자기 믿음과 인내의 한계에 도달하여 포기하는 경우가 많다. 그러나 시대적 사명과 약속의 축복으로 가는 협곡 중에라도 닥칠 어려움을 수시로 알려 주시고, 또 그 이유를 꿈으로 알게 해주시면 모든 것을 합력하여 선하게 하시는 하나님의 섭리를 깨닫고 견뎌낼 수 있다. 하나님의 크신 뜻을 알면 고난 중에도 인내할 수 있다. 그리고 그 결과는 반드시 좋을 것이라는 확신을 하게 된다. 하나님께서 나에게 주신 궁극적 사명이 가족의 장기간 희생을 수반하는 것이어서, 가족들에게 직접 말씀해 주신 것이다.

하나님은 오늘도 꿈으로 말씀하신다. 그것은 하늘의 전략 방에 들어가는 것이다. 하나님의 뜻을 위해 장래 일을 알게 하시는 것이다. 요즘은 그동안의 고생에 대한 열매를 딸 때가 되었다는 것을 보여 주신다. 그것은 온 가족이 함께 누릴 하나님 축복의 열매이며, 교회 회복을 위한 모두의 열매가 될 것이다. 하나님이 꿈으로 말씀하시므로 여기까지 올 수 있었다. 내가 원하는 것을 받기 위해 기도만 하지 말고 하나님이 주기 원하시는 것을 구하자. "주여, 말씀하옵소서. 주의 종이 듣겠나이다." 기도하면 주님이 그분의 뜻을 꿈으로 우리의 영에 심으신다. 마지막 때에 부어지는 시대적 꿈의 은사이다.

> 그 후에 내가 내 신을 만민에게 부어 주리니 너희 자녀들이 장래 일을 말할 것이며 너희 늙은이는 꿈을 꾸며 너희 젊은이는 이상을 볼 것이며(욜 2:28).

> 나의 달려갈 길과 주 예수께 받은 사명 곧 하나님의 은혜의 복음 증거하는 일을 마치려 함에는 나의 생명을 조금도 귀한 것으로 여기지 아니하노라(행 20:24).

삶의 시험지와 하나님의 채점

얼마 전 건강하던 목사님이 위독하다는 연락을 받고 병문안을 갔다. 그리고 그분은 이틀 후에 임종하셨다. 병문안 간 날은 주일 밤이었고 월요일 새벽에 꿈을 꾸었다.

시험장에서 젊은 목사들이 정장을 입고 시험을 보고 있었다. 왼쪽에 앉은 사람은 답을 다 썼는지 오른손에 시험지를 들고 있었는데 자신감 없는 표정이었다. 다른 이들은 열심히 문제를 푸느라고 저마다 고개를 숙이고 있었다. 나는 시험 보는 사람들 가운데서 가장 나이가 많은 것 같았다. 시험지를 받아들고 보니 다른 사람이 치른 시험지였고 이미 채점까지 마친 상태였다. 정답을 쓴 것은 보이지 않고 한두 개 틀린 표시한 것만 눈에 들어왔다. 시간은 촉박

하고 마음은 급해서 시험지를 그냥 제출할까도 했지만, 내 시험을 쳐야겠다고 생각했다. 시험지를 새로 달라고 해서 받았는데 백지였다.

채점된 시험지는 그 목사님 삶의 시험지였던 것을 임종 소식을 듣고 깨달았다. 이처럼 우리는 각자 삶이라는 백지 시험지를 받아 들고 인생 시험을 치르는 중이다. 그리고 채점자는 하나님이시다. 시험이 끝나면 우리는 정답을 쓴 것은 당연하고 틀린 것만 살펴본다. 성경의 인물들과 주위 사람들이 틀린 시험 문제를 보고 잘 풀 수 있다면, 우리 인생의 삶이 한결 힘들지 않고 사명의 길에서도 하나님이 원하시는 성숙함에 이르고 많은 열매를 맺게 될 것이다. 시험을 잘 치른 자에게는 상급이 주어질 것이다. 하나님의 시험이다. 마귀는 우리를 넘어뜨리고 멸망시키려고 끊임없이 시험하지만(마 4:1, 26:41), 하나님께서는 아무도 시험하지 않으신다(막 1:13). 하나님은 우리를 시험(Tempt)하시지 않지만, 우리의 믿음을 단련하고 마침내 복을 주시기 위해 시험(Test)하신다.

> 네 하나님 여호와께서 이 사십년 동안에 너로 광야의 길을 걷게 하신 것을 기억하라 이는 너를 낮추시며 너를 시험하사 네 마음이 어떠한지 그 명령을 지키는지 아니 지키는지 알려 하심이라(신 8:2).

이 시험은 진실성, 믿음, 순종, 겸손과 온유함 등의 성품에 대한 것이다. 어려운 일이 닥칠 때, 하나님에 대한 마음이 어떠한지 진실성을 시험하신다(Integrity Test). 고난과 역경 중에도 하나님을 믿는지 믿음을 시험하신다(Faith Test). 힘들고 어려워도 그분의 명령을 지키는지, 지키지 않는지 순종을 시험하신다(Obedience Check). 이런 단계적 시험을 통해 우리의 마음을 낮추시고 결국에는 복을 주시고 하나님의 일을 하게 하려고 성품을 단련시키신다(Character Test). 하나님의 시험 중에 최종 시험은 성품 시험이다. 그것은 온유하고 겸손한 주님의 마음을 본받는 것이요, 성령의 아홉 가지 열매가 우리 안에 맺혀지는 것이다.

> 나는 마음이 온유하고 겸손하니 나의 멍에를 메고 내게 배우라
> (마 11:29).

> 너희 안에 이 마음을 품으라 곧 그리스도 예수의 마음이니(빌 2:5).

정확무오하신 하나님

2021년 2월 8일 새벽 3시 11분경에 "정확무오하신 하나님!"이라는 음성을 듣고 깨어 시간을 확인하니 3시 41분이었다. 지난 15년간 처음 새벽 3시에 깨우셔서 "네가 믿으면 하나님의 영광을 보리라!"는 음성이 이마 중앙에 레이저 광선으로 쏘아지며 들린 이후로 때를 기다리며 깨어 있는 중에 지금 몇 시 정도겠다 추측하면 5분 차이로 시간이 맞았다. 이날은 한국에 다녀와서 시차 적응이 되지 않아 30분 차이가 났다. 음성이 들리기 전에 꿈을 꾸었다. 문득 내 나이를 생각하니 한국에서 목회할 수 있는 나이도, 교수할

수 있는 나이도 훨씬 지났다. '그동안 무엇을 했나? 사역할 시간을 잃었구나?' 생각했는데 꿈속에서 주님께서 "정확무오하신 하나님!"이라 말씀하신 것이다.

그분은 정확무오하시다. 그분의 계획에는 한 치의 오차도 없으시다. 이 말씀은 나를 향한 그분의 부르심은 착오도 없고 완전하다는 것이다. 또한 나이와 상관없이 내가 그분의 완전하신 시대적 부르심 안에, 정확하게 계획하신 삶의 목적 안에 있다는 말씀이다. 선교학으로 유명한 풀러신학대학원에서 박사 학위를 취득한 때가 만 49세였다. 그 겨울에 교수 임용 서류를 내고 다음해인 2004년 3월에 나를 초빙한 신학대학교에 갔다면 70세 정년까지 20년을 채울 수 있었다. 20년은 은퇴 목사가 되고 교수가 되어 연금을 받을 수 있는 최소 기간이다. 그런데 하나님이 그 마지막 기회를 막으셨다. 그리고 2년 후 음성이 들리면서 불세례와 영광을 체험하게 되었다.

올해 2월 6일 한국을 5주간 다녀오면서 한 주간은 목포, 진도, 완도를, 한 주간은 문경, 대구, 양산과 부산을 다녀왔다. 60여 명을 넘게 기도하고 온라인 집회와 소드 공개 강의를 하고 돌아온 피곤한 나에게 하나님은 말씀하시고 그 말씀을 정확히 이루시는 과오가 없으신 하나님이시다. 그분의 부르심에는 후회가 없음을 말씀해 주신 것이다.

지난 11월 방문에 "스무 명이 들어올 것이다. 계속 들어올 것이다"라는 말씀이 이루어졌고, 이번 방문에도 "열 명이 들어올 것이다" 하신 대로 떠나기 전 정확히 열 명이 들어왔고, 떠나는 날 한

명, 조금 전 올린 한 명까지 열두 명이다. 그리고 계속 들어올 것이다. 차트가 올라갈 것이라고 하셨다. 2014년부터 20번 넘게 한국과 미국을 오가면서 "이번에는 이런 일이 있을 것이다" 하시면 어떤 상황에도 반드시 그러한 일이 일어났다. 이제부터는 큰 규모로 말씀하신 일이 일어날 것이다.

"센터가 준비되면 재정이 온다!"(2019. 6.)
"돈을 풍성하게 쓸 것이다!"
"풍성한 재정이 올 것이다!"
"300만 불!"
"어마어마한 체크(수표)가 올 것이다!"
"재정을 준비하라!"(2020. 4.)
"한꺼번에 부흥이 일어날 것이다!"
"30명이 준비되면 군대를 보낸다. 2천, 4천을 보낸다!"
"전무후무한 부흥에 참여할 것이다!"(2020. 3. 8)
"그리스도의 몸 전체에 임할 부흥이다!"
"영적 신학교를 하라!"
"부흥이 일어나면 바쁘게 모든 일을 한꺼번에 다하라!"
"앞으로 교회는 호텔과 컨벤션 센터가 될 것이다!"

이를 위해 "하나님의 리콜 운동을 하라!"(2006. 1. 26)는 천둥 같은 음성이 들려왔다. 그리고 하나님이 직접 하리운 로고를 그려 주셨다. 하나님 말씀에 순종하면 그 일을 반드시 이루신다. 그분은 식언치(말씀의 실수) 않는 분이며, 정확무오하신 하나님이다.

하나님은 인생이 아니시니 식언치 않으시고 인자가 아니시니 후회
가 없으시도다 어찌 그 말씀하신 바를 행치 않으시며 하신 말씀을
실행치 않으시랴(민 23:19).

하나님의 약속은 얼마든지 그리스도 안에서 예가 되니 그런즉 그
로 말미암아 우리가 아멘 하여 하나님께 영광을 돌리게 되느니라
(고후 1:20).

네가 믿으면 하나님의 영광을 보리라(요 11:40).

4장

마음의
생각으로
말씀하심

생각, 영적 전쟁의 사령탑

사탄이 공격하여 점령하기 원하는 장소는 우리 마음의 생각이다. 사탄은 우리의 생각 안에 그의 강력한 진을 구축해 놓고 악을 수태하도록 교묘히 조종한다. 그러나 그런 사탄의 궤계를 잘 파악하고 우리의 모든 생각을 사로잡아 그리스도께 복종시키면 하나님은 생각을 통해서 우리에게 말씀하신다.

우리의 싸우는 병기는 육체에 속한 것이 아니요 오직 하나님 앞에서 견고한 진을 파하는 강력이라 모든 이론을 파하며 하나님 아는 것을 대적하여 높아진 것을 다 파하고 모든 생각을 사로잡아 그리스도에게 복종케 하니(고후 10:4-5).

원수가 공격할 수 있는 가장 취약한 장소인 우리의 생각을 하나님 음성의 통로로 삼을 수 있다. 그러나 이는 아주 섬세하고 다루기 어려운 부분이다. 하나님이 주시는 생각인가? 자기 생각인가? 마귀가 주는 생각인가? 이를 구별하는 것은 하나님의 음성을 들어도 쉽지 않기 때문이다. 이를 분별하려면 하나님과의 친밀함과 매일, 매시간, 매분, 매초 생각을 분별하며 주님과의 교통이 요구된다. 왜냐하면 순간적으로 스치는 생각이 하나님의 뜻을 거스르기도 하고, 어떤 사람에게는 하나님이 말씀하시는 통로가 되기 때문이다.

첫째, 하나님의 음성 가운데 가장 강력한 것은 들리는 음성이다. 때로는 천둥같이 하늘에서 들리기도 하고, 영 안에서 크게 울려 나오기도 한다. 아침에 일어나자마자 큰 소리로 외치는 경우도 있다. 하나님이 들리는 음성으로 말씀하시는 것은 첫 번째, 어려운 일을 맡기기 위해서이다. 두 번째, 시대적이고 먼 미래에 이루어질 일을 위해서이다. 하나님의 때가 되기까지 오랜 시간이 지나도 잊지 않고 그 음성을 따라가게 하기 위함이다. 세 번째, 삶의 목적과 궁극적 사명과 관계되는 부르심으로 들려온다. 아담, 아브라함, 모세, 사무엘과 선지자들, 바울 사도가 그런 음성을 들었다.

둘째, 하나님은 지금도 꿈과 환상으로 말씀하신다. 이는 구약뿐만 아니라, 지금도 하나님이 말씀하시는 가장 보편적인 방법이다.

> 사람이 침상에서 졸며 깊이 잠들 때에나 꿈에나 밤의 이상 중에 사람의 귀를 여시고 인치듯 교훈하시나니 이는 사람으로 그 피를 버리게 하려 하심이며 사람에게 교만을 막으려 하심이라 (욥 33:15-17).

요엘 선지자는 마지막 때에 성령이 부어질 때, 꿈과 환상이 주어질 것이라고 예언하였다.

> 그 후에 내가 내 신을 만민에게 부어 주리니 너희 자녀들이 장래 일을 말할 것이며 너희 늙은이는 꿈을 꾸며 너희 젊은이는 이상을 볼 것이며(욜 2:28).

셋째, 하나님은 내적 음성으로 말씀하신다. 이는 하나님께서 우리의 영에 말씀하시는 것이다. 이것도 꿈과 환상과 함께 주님과 교통하는 사람들에게 아주 보편적인 방법으로 들려지는 하나님 음성의 한 분야이다. 주님이 "내 양은 내 음성을 들으며"(요 10:27)라고 한 말씀이 그것이다. 생각과는 다른 우리의 영 안에서 들리는 주님의 음성이다. 주님은 마태복음 10장 19-20절에서 사람들이 너희를 넘겨줄 때에 무엇을 말할까 염려치 말라 하시면서 "너희 속에서 말씀하시는 자 곧 너희 아버지의 성령이시니라"고 하셨다. 우리 속에 계시는 성령이 우리의 영에 말씀하시는 것이 내적 음성이다.

넷째, 하나님은 지식의 말씀으로 말씀하신다. 지식의 말씀은 아홉 가지 은사 중 하나이다.

> 어떤 이에게는 성령으로 말미암아 지혜의 말씀을, 어떤 이에게는 같은 성령을 따라 지식의 말씀을 (고전 12:8).

이것은 자기에게 없는 지식이 성령을 통해 주어지고 알려지는 것이다. 주로 사역을 할 때 어떤 사람들에 대한 정보를 주시는 경우가 많고 예언과는 구별된다.

다섯째, 하나님은 성령의 감동으로 말씀하신다. 성령의 감동은 직관과 더불어 대부분 성령받은 그리스도인들이 경험하는 하나님의 음성으로 분류된다. 성령의 내적 음성보다는 약해서 그것이 성령의 감동인지, 자기 생각인지 분별하기가 쉽지 않다. 그러나 높은 차원인 내적 음성이나 꿈과 환상으로 인도받는 자들에게는 이 또한 하나님의 음성으로 행동으로 옮기기에 충분한 확신이 된다.

> 제자들을 찾아 거기서 이레를 머물더니 그 제자들이 성령의 감동으로 바울더러 예루살렘에 들어가지 말라 하더라(행 21:4).

여섯째, 하나님은 생각으로도 말씀하신다. 하나님의 음성 듣는 법 중에도 이 분야는 아직 생소하다. 가르치는 사람도 없다. 나도 예전에는 그런 생각을 하지도 못했다. 우리 생각에 마귀가 견고하고 강력한 진을 구축해서 분별하고 파쇄하기가 쉽지 않고, 그 영향력 아래에서 우리의 육체가 좋아하는 대로 행하고 하나님의 뜻을 행하지 못했기 때문이다. 다시 말해, 마귀의 공격에 늘 수세에 몰린 곳이 바로 생각이라는 부분이다. 간교한 뱀도 하와의 생각을 공격했다.

> 뱀이 여자에게 물어 가로되 하나님이 참으로 너희더러 동산 모든 나무의 실과를 먹지 말라 하시더냐(창 3:1).

하나님께서 아담에게 "네가 먹는 날에는 정녕 죽으리라"(창 2:17)고 말씀하셨지만, 하와는 간사한 뱀의 유혹에 빠져 "너희가 죽을까 하노라"(창 3:3) 하였다고 자기 생각을 하나님의 말씀에 가미하였고 결국 선악과를 먹음으로 불순종의 죄를 범하였다. 베드로는 예수님께 "주는 그리스도시요 살아 계신 하나님의 아들이시니이다"(마 16:16)라고 고백하였다. "너는 베드로라 이 반석 위에 내 교회를 세우리니 음부의 권세가 이기지 못하리라"(마 16:18)고 예수님께 칭찬받았지만, 그는 좋은 생각으로 주님이 고난과 십자가 지실 것을 만류하였다가 "사탄아 내 뒤로 물러가라 너는 나를 넘어지게 하는 자로다 네가 하나님의 일을 생각지 아니하고 도리어 사람의 일을 생각하는도다"(마 16:23)라며 책망을 받았다. 이처럼 생각은 마귀의 공격 빌미가 될 수 있다.

그러나 우리가 사탄의 궤계를 분별하고 우리의 생각을 완전히 그리스도께 굴복하고 맡기면, 하나님은 우리의 생각을 통해 말씀하신다. 물론 항상 주님을 생각하고 성령의 인도하심과 그분의 통제 아래 우리의 생각을 맡기는 훈련이 필요하다. 성령받고 기도 많이 했던 10대 말과 20대 초 군대 가기 전에 '매일 주님만 생각하고 살 수 없을까?' 하는 생각을 했다. 그러나 수십 년을 그러하지 못했다. 지금에 와서야 그렇게 할 수 있을 것 같고 실천에 옮기려고 한다. 2016년 마지막 두 주간에 하나님께서 주신 감동과 생각은 '이제 생각을 통해서도 계속 주님의 음성을 듣고 분별할 수 있겠다'라는 것이다. 이는 충분히 성경적이다. 성령이 오시면 주님이 말씀하신 것을 생각나게 하신다고 하셨다.

보혜사 곧 아버지께서 내 이름으로 보내실 성령 그가 너희에게 모든 것을 가르치시고 내가 너희에게 말한 모든 것을 생각나게 하시리라(요 14:26).

내 생각을 하나님이 말씀하시는 음성의 통로로 내어 드리려면, 두 가지를 기억하고 조심해야 한다. 첫째, 생각은 간사하기에 우리의 모든 생각을 사로잡아 그리스도께 복종시켜야 한다.

모든 생각을 사로잡아 그리스도께 복종하니(고후 10:5).

사탄이 하와의 생각을 공격했다는 것을 항상 염두에 두고 하나님의 말씀과 그분의 약속을 의심하고 불신하게 하는 생각에서 모든 근심, 걱정, 염려, 불평, 낙심, 원망이 나온다는 것을 알고 계속 물리쳐야 한다. 하나님은 언제나 선하시며 신실하신 분임을 기억하여 항상 감사하고 기뻐하며, 찬미하고 사랑해야 한다. 그럴 때 긍정적인 생각과 믿음의 생각, 영적 생각으로 충만하고, 위에 것을 찾고 하늘나라를 소망하며 살 수 있다.

그러므로 너희가 그리스도와 함께 다시 살리심을 받았으면 위엣 것을 찾으라 거기는 그리스도께서 하나님 우편에 앉아 계시느니라 위엣 것을 생각하고 땅엣 것을 생각지 말라 이는 너희가 죽었고 너희 생명이 그리스도와 함께 하나님 안에 감취었음이니라(골 3:1-3).

둘째, 항상 주님을 생각해야 한다. 내 마음의 생각과 묵상이 주님께만 집중되도록 해야 한다.

믿음의 주요 또 온전케 하시는 이인 예수를 바라보자(히 12:2).

하나님, 주님, 주의 뜻을 항상 생각하고 묵상해야 한다. 그리고 주님이 주시는 생각을 따라가면 된다. 내가 이룰 수 있는 일은 없다. 스스로 할 수 있는 일도 없다. 하나님의 음성, 하나님이 주시는 생각을 따라가면, 하나님이 정하신 일이 일어날 것이다. 내 생각을 사로잡아 그리스도께 복종시키면 생각으로도 인도하신다. 내 생각이 주님의 생각과 같고, 나의 마음이 주님의 마음과 같고, 나의 뜻이 주님의 뜻과 같으면 된다. 그러기 위해서는 자나 깨나 주님 생각으로 가득해야 한다. 말씀이 내 생각을 주관해야 한다.

오직 그 말씀이 네게 심히 가까와서 네 입에 있으며 네 마음에 있은 즉 네가 이를 행할 수 있느니라(신 30:14).

항상 쉬지 말고 기도해야 한다(살전 5:17). 모든 기도와 간구로 하되 무시로 성령 안에서 기도하고(엡 6:18) 늘 내 안에 하나님을 향한 찬양이 넘쳐야 한다.

시와 찬미와 신령한 노래들로 서로 화답하며 너희의 마음으로 주께 노래하며 찬송하며(엡 5:19).

우리 몸을 의의 병기로, 하나님이 기뻐 받으시는 산 제물로 드려야 한다.

또한 너희 지체를 불의의 병기로 죄에게 드리지 말고 오직 너희 자신을 죽은 자 가운데서 다시 산 자 같이 하나님께 드리며 너희 지체를 의의 병기로 하나님께 드리라(롬 6:13).

그러므로 형제들아 내가 하나님의 모든 자비하심으로 너희를 권하노니 너희 몸을 하나님이 기뻐하시는 거룩한 산 제사로 드리라 이는 너희의 드릴 영적 예배니라(롬 12:1).

예수님 생각을 베개 삼고 살면 좋겠다

확연히 들려온 하나님의 음성은 내 삶의 방향을 완전히 바꾸어 놓았다. 15년 동안 오천 번도 넘게 하나님의 음성을 들었다. 어떤 사람들은 말도 안 된다고 할 것이다. 그러나 가능하다. 완전히 무너져 내리는 통곡과 하나님의 불이 임하고 영광에 삼켜지면 가능하다. 자아가 굴복되고 자아의 죽음을 경험하면, 자기가 없어지는 것이 무엇인지를 터득하면 가능하다. 하늘 문이 열리고 요엘 선지자가 예언한 "하나님의 신이 임하면 너희가 꿈을 꾸고 환상을 보고 장래 일을 말하게 될 것이다"(욜 2:28)의 성취가 이루어지면 누구에게나 있을 수 있는 일이다.

초창기에는 천둥처럼 들리는 음성으로, 4년 반 동안에는 매일 세 번씩, 일주일에 여섯 번씩 하나님이 주시는 꿈과 환상이 양동이로 물 붓듯이 쏟아져 내렸다. 4년 반은 1,620일이고 하루에 세 번 정도 들은 것으로 계산하면 오천 번에 가깝다.

그때부터 기록한 하나님의 음성에 대한 영적 일지가 13권이 넘는다. 대부분 개인적인 경험을 기록한 것이지만, 모든 하나님의 백성에게 적용되는 보편적인 진리에 대한 것이며, 시대적이고 장래적인 약속이다.

> 그러하나 진리의 성령이 오시면 그가 너희를 모든 진리 가운데로 인도하시리니 그가 자의로 말하지 않고 오직 듣는 것을 말하시며 장래 일을 너희에게 알리시리라(요 16:13).

'마음의 생각으로 말씀하시는 하나님의 음성'은 들리는 음성, 꿈과 환상, 내적 음성, 지식의 말씀 등으로 들었던 하나님의 음성을 이제는 생각으로도 들을 수 있게 되었다는 것을 말한다. 성령의 감동과 직관도 들리는 음성이나 하나님이 주시는 꿈과 환상, 성령의 내적 음성과 지식의 말씀에 비해 분별하기 어려운 분야이다. 그만큼 자기 생각이나 인간적인 감정(감동)이 가미될 수 있기 때문이다. 생각으로 하나님의 음성을 듣는다는 것은 성령의 감동과 직관보다 더 섬세함이 필요한 단계이다. 세상의 수많은 소리와 마귀가 점령하기 위해 매 순간 주입하는 인간의 타락한 본성에 근거한 악한 생각들, 자기를 사랑하는 자아 중심적 생각을 물리치고 생각을 통해 하나님의 음성을 들으려면, 매일 매 순간 그에 대한 자각심을 가지고 살아야 한다. 이를 위해 말과 행동뿐만 아니라, 생각까지도 주님과 동행하고 우리 안에 그리스도의 마음을 품어야 한다.

너희 안에 이 마음을 품으라 곧 그리스도 예수의 마음이니(빌 2:5).

그리고 세상 누구와의 교제보다 더 기쁨으로 삼아야 한다. 그 시작은 세상과 자연이 잠들어 잠잠할 새벽이다. 새벽부터 마음의 생각을 주님께로 사로잡아 복종시키고 그분과 음정을 맞추어 노래하는 것이다. 나의 기도가 나오기 전에 내 입술과 내 마음에서 하나님을 높이는 찬양이 먼저 나와야 한다. 새벽 찬양을 하는 것이다. 그래야 하루의 생각을 주님께로 집중할 수 있다. 그러기 위해서는 일찍 자야 한다. 그래야 새벽부터 주님과 동행할 수 있고 주님의 음성을 생각으로도 들을 수 있다.

1. 저 장미꽃 위에 이슬 아직 맺혀 있는 그때(새벽)에 귀에 은은히 소리 들리니 주 음성 분명하다
2. 그 청아한 주의 음성 울던 새도 잠잠케 한다 내게 들리던 주의 음성이 늘 귀에 쟁쟁하다
3. 밤 깊도록 동산 안에 주와 함께 있으려 하나 괴론 세상에 할 일 많아서 날 가라 명하신다

(후렴) 주님 나와 동행하면서 나를 친구 삼으셨네 우리 서로 받은 그 기쁨은 알 사람이 없도다

하나님의 음성을 들으면서 특별히 연말에는 새해를 위한 음성을 듣기 위해 기도한다. 그러면 꿈과 환상, 음성으로 새해 목표와 방향, 교회 슬로건까지 알려 주신다. 그런데 이번에는 꿈이나 환상, 음성이 없었다. 새해를 맞으면서 기도하며 찬양하다가 2시 정도에 잠자리에 들었다. 자면서 "하나님, 말씀해 주세요"라고 기도했고, 다음날도 기도하고 잤지만 월요일 아침에도 아무 말씀이 없으셨다. 2017년부터는 하나님께서 내 생각을 통해 말씀하기 원하시는 것 같았다. 그만큼 시대가 급하고 그동안의 약속이 폭발적으로 나타나기 시작하면, 바빠질 수 있어서 더욱 빠른 방법으로 말씀하기 원하시는 것이다. 이것을 깨닫게 된 계기가 마지막 두 주간에 생각으로 주신 '내 영혼 평안해, 넘치는 축복'이었다. 뒤돌아보니 생각으로 하나님의 음성을 듣고자 한 것이 본래부터 내 마음 안에 심어진 하나님의 소원이었던 것 같다.

> 너희 안에서 행하시는 이는 하나님이시니 자기의 기쁘신 뜻을 위하여 너희로 소원을 두고 행하게 하시나니(빌 2:13).

20대 초에 성령받고 한 소원이 "평생 주님을 생각하며 살았으면 좋겠다"였다. 2017년 1월 1일 오후에 영적 일지를 살펴보면서 2006년 8월 19일 새벽에 '예수님 생각을 베개 삼고 살면 좋겠다'는 생각이 들었다고 기록한 것을 보았다. 사회생활을 하지 않아서 그런지 나를 아는 사람들은 나를 솔직하다고 혹은 순진하다고 한다. 이런 나를 아내는 "60이 넘은 당신을 사람들이 순진하다고 말하는 것은 세상 물정 모르는 바보라는 의미"라고 하지만, 나는 바보라도 좋다. 세상 세태와 풍조에 뒤떨어지고 걸맞지 않은 바보스러움이 드러나도 간사함이나 가식이나 외식이 없는 사람이 되고 싶다. 그래야 외모를 보지 않고 중심을 보시는 하나님께 잘 보일 테니까 말이다. 그래야 생각으로도 하나님의 음성을 들을 수 있을 테니 말이다.

2017년 새해 첫날, 2016년 한국을 다섯 차례 방문한 후에 킹덤 빌더즈 횃불 카톡방에 올린 글이다.

"킹덤 빌더즈 집회에서 차가운 마음을 휘저어 놓을 것이며, 듣지 못하던 귀와 보지 못하도록 닫힌 눈들을 하나님의 능력으로 여실 것이며, 사람들은 어떤 일들이 일어났는가를 알기 원할 것이고 그들에게도 일어날 것이다. 화산이 폭발하기 위해 불꽃이 튀는 것처럼 본격적으로 폭발하면 상상도 못할 것이다. 주님은 자신을 굴복시킨 사랑의 종들을 찾고 계신다. 잔치가 준비되었다."

이제부터 '예수님 생각을 베개 삼고 살면 좋겠다'가 한순간의 바람이 아니라, 실제가 되기를 매 순간 힘써야겠다. 그렇게 하려면 밤뿐만 아니라 낮에도 베개를 안고 살아야겠다.

1. 구주를 생각만 해도 내 맘이 좋거든 주 얼굴 뵈올 때에야 얼마나 좋으랴

2. 만민의 구주 예수여 귀하신 이름은 천지에 온갖 이름 중 비할 데 없도다

3. 참 회개하는 자에게 소망이 되시고 구하고 찾는 자에게 기쁨이 되신다

4. 예수의 넓은 사랑을 어찌다 말하랴 그 사랑 받은 사람만 그 사랑 알도다
5. 사랑의 구주 예수여 내 기쁨 되시고 이제와 또한 영원히 영광이 되소서

나의 입술의 모든 말과 나의 마음의 묵상이 주께 열납되기를 원하네
생명이 되신 주 반석이 되신 주
나의 입술의 모든 말과 나의 마음의 묵상이 주께 열납되기를 원하네

생각은 영적 전쟁터이다. 선과 악, 진리와 거짓, 거룩과 속됨, 하나님 사랑과 세상 사랑, 이 모든 것이 생각에서 출발한다. 예수님은 마음으로 짓는 죄에 대해 말씀하셨다.

또 간음치 말라 하였다는 것을 너희가 들었으나 나는 너희에게 이르노니 여자를 보고 음욕을 품는 자마다 마음에 이미 간음하였느니라(마 5:27-28).

남자라면 이러한 마음의 죄에서 자유로울 수 없다. 미국 오하이오주립대학의 연구에 의하면, 18세에서 25세의 젊은 남자는 하루 평균 19회 정도 여자 생각을 한다고 한다. 이 나이대가 특별히 그런 것이 아니라 그렇게 태어난 것이다. 믿지 않는 사람들은 상관없지만, 주님을 믿는 젊은 남자들에게는 이것은 가혹할 만큼 죄책감을 느끼게 한다. 어떤 남자들은 하루에 300번 넘게 생각한다고 한

다. 여자들도 예외는 아니다. 여자들도 하루 평균 10번은 그런 생각을 한다는 통계가 있다.

가족과 함께 찜질방에 간 적이 있다. 목욕을 하고 2층 찜질방에서 쉬다가 물 마시러 식당 앞을 지나가는데, 컴퓨터 앞에서 아이들이 게임을 하고, 몇 명의 남자들이 인터넷 서핑을 하고 있었다. 그런데 한 모니터에 몸짱인 젊은 남자의 사진이 나오는 것이다. 30대 후반의 여성이 지나가는 사람들을 의식하지 않고 쳐다보는 것이다. 남편이 보면 어떻게 생각할지…. 세대 차이인지, 시대에 뒤떨어진 것인지 보는 내가 더 민망했다.

생각을 통제하거나 제어하기는커녕, 사람들 앞에서 드러내 놓고 표현하는 것이 쿨한 것처럼 공중파에서 여러 명의 남자를 사귄 것을 자랑스럽게 말한다. 주님은 여자를 보고 음욕을 품으면 마음으로 이미 간음했다고 말씀하셨다. 생각을 제어하고 마음을 지키는 것이 주님을 따르는 첫걸음이다. 잠언 기자는 "무릇 지킬만한 것보다 더욱 네 마음을 지키라 생명의 근원이 이에서 남이니라"(잠 4:23)고 하였다. 하나님은 욥을 동반의 의인이라고 부르셨다. 욥은 자기 눈과 언약을 맺어 처녀를 음욕으로 보지 않기로 했다.

내가 내 눈과 언약을 세웠나니 어찌 처녀에게 주목하랴(욥 31:1).

언제 내 마음이 여인에게 유혹되어 이웃의 문을 엿보아 기다렸던가 (욥 31:9).

이처럼 작정하지 않으면 생각과 마음으로 짓는 죄에서 자유로울 사람들은 거의 없다. 요한일서 3장 15절에는 "그 형제를 미워하는 자마다 살인하는 자니 살인하는 자마다 영생이 그 속에 거하지 아니하는 것을 너희가 아는 바라"고 하였다. 그런 의미에서 마음으로 미워하는 죄를 수많은 하나님의 자녀들이 범하고 있다. 아내가 남편을 용서하지 않는 것은 미워하는 것이다. 교회에서 시기하고 질투하고 미워하며, 교회 문제를 세상 법정으로 가져가는 교회 지도자들은 살인죄를 범하는 것이다.

우리의 생각과 마음은 마귀가 점령하고자 하는 강한 진지요, 원수의 사령탑이다. 우리는 원수 마귀가 지어 놓은 생각의 견고한 진을 하나님 말씀의 진리와 성령의 능력으로 파쇄해야 한다. 그리고 그러한 모든 생각을 그리스도께 복종시키고 하나님 나라와 그분의 의를 구하고 주님의 얼굴과 거룩함을 추구하면, 우리의 생각을 하나님의 음성을 듣는 창구로 사용할 수 있다. 복어에는 독이 있지만, 전문 요리사가 손질하면 맛있는 복어 요리가 되는 것처럼 말이다.

하나님의 말씀은 살았고 운동력이 있어 좌우에 날선 어떤 검보다도 예리하여 혼과 영과 및 관절과 골수를 찔러 쪼개기까지 하며 또 마음의 생각과 뜻을 감찰하나니 지으신 것이 하나라도 그 앞에 나타나지 않음이 없고 오직 만물이 우리를 상관하시는 자의 눈앞에 벌거벗은 것 같이 드러나느니라(히 4:12-13).

마귀는 하나님의 일을 하려는 자들을 생각에서부터 가로막고 방해한다. 하나님의 자녀들을 생각으로 죄를 범하게 만들면, 양심의 가책을 받아 능력으로 역사하지 못하기 때문이다. 마귀가 주는 간사하고 죄 된 생각의 예를 들면 이렇다.

첫 번째는 오래전 수년간 묵상과 기도, 찬미와 경배를 통해 하나님의 불과 영광 안에 있을 때, 위암에 걸린 50대 목사님을 기도해 달라는 부탁을 받은 적이 있다. 2주간 기도하고 그분의 집을 방문하기 위해 막 고속도로로 진입을 하려는 순간, 어느 주간지에서 본 스와핑 기사가 생각났다. 마귀가 주는 생각임을 알고 즉시 "예수의 이름으로!" 물리쳤다. 기도 가운데 살며 성령이 충만하고 죽은 사람이라도 살릴 것 같은 믿음으로 무장한 나를 무장해제 시키려고 마귀가 넣은 생각이었다. 만약 물리치지 않고 그 생각을 끊지 않았다면, 죄책감에 사로잡혀 기도할 힘을 잃었을 것이다.

두 번째는 오래전 킹덤 빌더즈 집회에 나오던 여자 목사님에게 들은 이야기이다. 기도 많이 하는 그분에게는 축사의 능력이 있었다. 귀신 들린 17세 아이를 위해 석 달간 기도해서 귀신이 나가고 제정신이 돌아왔다. 하루는 아이 엄마가 밥을 먹으면서 혼잣말을 했다. "애가 제정신이 돌아오면 무엇으로 먹고살까?" 이 말은 정신병 앓는 아들 돌보라고 미국 정부에서 나오는 지원금으로 살았는데, 나으면 지원이 끊길 것이고 그러면 앞으로 어떻게 먹고살아야 하나는 것이다.

세 번째는 사람의 생각과 마음은 잘 조절하지 않으면 정말 간사하다는 것이다. 2016년 11월 한국에서 아침 일찍 전철역에서 나오는데 찬 공기가 들어오면서 숨이 막히고 가슴이 답답해지면서 금

방이라도 숨이 멎을 듯하고 어지러웠다. 간신히 계단을 내려와 교통 카드 태그 기계를 붙들고 주저앉았다. 역무원과 사람들이 등을 받히고 걱정해 주는 그 위급한 순간에 '드러누워 버릴까?' 하는 생각이 들었다. 하지만 그 생각은 사람들에게 내가 많이 아프다는 것을 보여 주고 싶은 간사한 마음이라는 것을 순간적으로 알고 거부하였다. 만약 드러누웠다면 일어나지 못했을 것이다. 죽음의 문턱에서도 사람들에게 동정받고 싶은 간사한 마음이 생긴다는 것을 알았다.

이처럼 생각은 우리 신앙의 전쟁터이다. 그러므로 모든 생각을 사로잡아 그리스도께 복종시킴으로 주님의 음성을 듣는 채널로 바꾸어 생명의 성령의 법 안에 사는 하나님의 아들이 되자.

무릇 하나님의 영으로 인도함을 받는 그들은 곧 하나님의 아들이라 (롬 8:14).

육신을 좇지 않고 그 영을 좇아 행하는 우리에게 율법의 요구를 이루어지게 하려 하심이니라 육신을 좇는 자는 육신의 일을, 영을 좇는 자는 영의 일을 생각하나니(롬 8:4-5).

원하는 것이 없어야 한다

2020년 송구영신 예배를 드리고 2021년 새해를 알리는 폭죽 소리를 들으며 침대에 엎드려 "2021년에 대해 말씀해 주세요"라고 기도하고 갔다. 4시 좀 넘어서 일어났는데 아무 꿈도 없었다. 다시 자고 일어날 때 "원하는 것이 없어야 한다"는 음성이 들렸다. 68세가 되는 새해 첫날 들린 음성이 "원하는 것이 없어야 한다"였다. 무슨 말씀일까?

잠언 25장 2절에 "일을 숨기는 것은 하나님의 영화요 일을 살피는 것은 왕의 영화니라"고 했다. 하나님은 놀라운 지혜와 섭리로 우주와 역사를 주관하시고 운행하신다. 인간은 하나님의 섭리를 다 이해할 수 없으며, 일을 숨기는 것은 하나님을 영화롭게 한다. 그것은 하나님의 신비이다. 로마서 11장 33절에 "깊도다 하나님의 지혜와 지식의 부요함이여, 그의 판단은 측량치 못할 것이며 그의 길은 찾지 못할 것이로다"라고 하였다.

오스왈드 챔버스는 하나님의 신비에 대해 이렇게 말했다. "신비의 목적은 우리를 이해할 수 없도록 골탕 먹이려는 것이 아니다. 오히려 계시를 감당할 수 있도록 하는 하나님의 관용과 친절이 신비이다. 신비는 주께서 친히 천천히 그러나 분명하게 하나님이 충만한 계시 가운데로 우리를 인도하시는 방법이다."

"일을 숨기는 것은 하나님의 영화요"라는 말씀이 의미하는 하나님의 영광은 주님의 뜻을 우리의 순종 안에 숨겨 놓으셨다는 것이다. 그래서 주님께서 마르다에게 "네가 믿으면 하나님의 영광을 보리라 하지 아니하였느냐"(요 11:40)라고 하신 것이다.

그러나 왕은 나라와 백성을 다스리기 위해 하나님의 영화, 그분의 일, 곧 하나님의 신비와 비밀을 잘 살펴야 한다. 하나님은 그분의 뜻을 많은 사람에게는 숨기시고 그분을 사랑하는 왕 같은 제사장, 사도와 선지자, 주님의 신부들에게는 계시하셔서 일을 이루신다. 특히 계시록 시대에는 더욱 그렇다. 모든 감추어진 것이 역사 속에 실현되는 계시록 시대에 그분의 음성을 듣고 그 음성 속에 감추어진 뜻을 살피는 것은 우리가 주님을 위해 어떤 생각이나 소원을 갖는 것보다 중요하다. 물론 하나님은 당신의 소원을 우리 안에 두셔서 뜻을 이루신다. 빌립보서 2장 13절에 "너희 안에서 행하시는 이는 하나님이시니 자기의 기쁘신 뜻을 위하여 너희로 소원을 두고 행하게 하시나니"라고 하셨다. 그러나 나에게는 그 어떤 "원하는 것도 없어야 한다"고 말씀하셨다. 이는 주님의 음성을 듣고 따라가는 가운데 어떤 다음 단계를 말하는 것이다.

수년 전에 "내 삶 전부를 주님께 올인!"이라고 고백하게 하셨고, 이것이 삶이 되기 위해서는 6년이라는 시간이 더 필요하였다. 2020년 1월 1일에는 "지금까지가 준비였다(거룩이 표준이기에 그렇다). 사람을 사랑해야 한다. 통로가 되는 것이다"라고 하셨다. 주님 재림 전 물이 바다 덮음 같이 온 세상을 덮을 전무후무한 영광의 부흥을 위해서이다. 2020년 3월 8일 새벽에는 "전무후무한 부흥에 참예할 것이다"라고 하셨다. 나의 삶이 나의 삶이 아니다. 생각까지도 주님의 음성을 듣는 통로가 되길 원하셨다. 그리하면 마음의 생각도 내 생각이 아니라 하나님의 생각이 되게 하시는 것이다.

오래전 우리 교회 일곱 살 주안이가 어느 집사님에게 한 말이 기억난다. "나는 주님이 조종하는 로봇이다. 그러나 집사님은 아직 아니다." 주인이신 주님의 조종을 받지 않고 자기 뜻대로 산다는 말이다. 이는 자기 생각으로 한 말이 아니다. 집회에서 은혜받은 주안이에게 성령님께서 주신 말씀이다. 많은 사람이 "내가 그리스도와 함께 못박혔다. 이제 내가 사는 것이 아니라 내 안에 주님이 사신다. 나는 주님의 것이다. 주님을 사랑한다. 주님의 뜻을 이루기 원한다" 하면서도 자기 생각과 자기 뜻을 버리지 못한다. 그만큼 자기를 내려놓는 것, 자기 뜻을 포기하는 것은 어렵기 때문이다.

예수님께서 제자들에게 "아무든지 나를 따라 오려거든 자기를 부인하고 자기 십자가를 지고 나를 좇을 것이니라"(마 16:24)고 하셨다. 그들은 3년 동안 주님과 함께 있었지만, 자기들이 원하는 것을 버리지 못해 주님을 버리고 떠났다. 주님도 하나님과 본체시나 육신으로 오신 자기 생각과 소원을 버리셨다. "내 원대로 마옵시고 아버지의 원대로 되기를 원하나이다"(눅 22:42). 이제부터 계속 원하는 것이 없어야 한다.

첫째, 내가 죽었기 때문이다. 둘째, 왕의 종(로봇)이기 때문이다. 셋째, 통로가 되어 하나님의 영광을 드러내게 하심이다. 넷째, 하나님의 뜻을 이루시기 위한 하나님의 비밀이다. 내가 원하는 것이 없어지는 것, 주님의 뜻이 이루어지는 것이 나와 그리고 이 글을 읽는 모든 사람을 통해 하나님이 행하실 전무후무한 부흥을 위한 그분의 음성이다. 2020년 1월 1일 아내의 아침 꿈에, 열두 가지 각각 다른 열매가 맺힌 나무를 보았고, "내가 무엇을 짓는 것을 짓지 마라. 지붕을 덮으려는 것을 하지 마라"고 하셨다.

지붕을 덮으면 안 된다. 내 왕국을 세우면 안 되는 것이다. 지붕은 하늘이다. 열린 계시이다. 영광과 경배를 하나님께만 돌려야 한다는 것이다. 흔히 말하는 자아 부인, 자아 죽음은 쉽지 않고 평생 힘을 써도 이루기 어려운 것이 사실이다. 성경은 거듭난 하나님의 자녀들을 향해 "너희 몸을 하나님이 기뻐하시는 거룩한 산 제물로 드리라"(롬 12:1)고 하셨다. 살았으나 죽은 것이 산 제물이다. 혼적 죽음이 자아의 죽음이다. 자아 부인–자아 포기–자아 굴복–자아 죽음의 단계로 나아간다. 제물이 불에 태워지고 살라질 때, 하나님 께 드려진 것처럼, 혼적 자아가 영에 삼켜짐이 영성의 최고봉인 주 님과의 연합으로 나아가는 관문이다. 성령으로 거듭난 순간부터 자아 부인의 전투가 시작되지만, 자아의 죽음을 넘어서야 비로소 영으로 인도받는 삶 안으로 들어가는 것이다. 그것이 영으로 인도 받는 하나님의 아들이 되는 것이다(롬 8:14). 그 후에도 바울 사도 처럼 "내가 사는 것이 아니라 내 안에 그리스도께서 사시느니라. 나는 날마다 죽노라"를 고백하는 삶이다.

여호수아 군대가 가나안을 정복했어도 가나안 땅에 남은 족속 들을 다 점령하기까지 5년이 더 걸렸던 것처럼, 불세례를 통해 불 에 살라지고, 영광의 아름다움에 삼켜진 후에도 우리 안에 남아 있 는 아련한 육체와 마음의 소원을 부인해야 한다. 이제부터 오는 열 방 추수를 위한 전무후무한 영광의 부흥은 내가 하는 것이 아니다. 나는 통로가 되는 것이다. 내가 원하는 소원이 없어야 한다. 그것 이 하나님이 약속하신 일이어도 '이렇게 이루어졌으면 좋겠다. 빨 리 되면 좋겠다'라는 좋은 생각도 버리라는 것이다.

하나님이 말씀하신 순간에 결과가 정해졌다. 새해 첫날 아침에 아내에게 열두 가지 열매가 맺힌 나무를 보여 주셨다. 같은 새벽에 나에게는 "좋은 음식으로 파티한다. 스스로 무엇을 지으려고 하지 마라. 사람들과 같이 지붕을 덮지 마라"고 하셨다. 비록 "내 삶 전부를 주님께, All in, 통로가 되는 것이다, 원하는 것이 없어야 한다"는 음성에 순종함으로 열매와 결과가 나타났을 때, 좋은 음식으로 파티하고 기뻐하지만, "사람들과 함께 어떤 집을 짓지 마라. 자기 왕국을 만들지 마라. 안주하지 말고 영광과 함께 움직여 나가라" 하신 것이다. "지붕을 덮지 마라" 하셨다. 지붕을 덮는 것은 집을 완성하는 것이다. 지붕이 보호와 안전을 의미하기는 하지만, 인위적인 지붕을 덮지 말라는 것이다. 사역의 성공이나 완성은 없다. 오래전에 "워십하면 지붕이 없다. 경배하면 영광이 내려온다"고 하셨다. 지붕은 지성소요, 하늘 보좌이다. 영광으로 영광에 이르는 것이다. 그래서 "지붕을 덮지 마라" 하신 것이다. 닫힌 지붕은 하늘을 닫는 것과 같다. 놋 하늘이다. 새해 첫 음성의 궁극적인 의미는 내가 원하는 것이 없을 때, 하나님이 원하시는 일의 통로가 되고, 그 열매와 결과를 누리는 파티를 하게 된다. 그러나 안주하지 마라. 몇몇 사람과 집을 짓고 지붕을 덮는 자기 왕국을 건설하지 말라는 것이다. 움직이는 영광이다!

형제들아 나는 아직 내가 잡은 줄로 여기지 아니하고 오직 한 일 즉 뒤에 있는 것은 잊어버리고 앞에 있는 것을 잡으려고 푯대를 향하여 그리스도 예수 안에서 하나님이 위에서 부르신 부름의 상을 위하여 좇아가노라(빌 3:13-14).

어린양의 혼인 잔치에 참예할 때까지이다.

우리가 즐거워하고 크게 기뻐하여 그에게 영광을 돌리세 어린 양의 혼인 기약이 이르렀고 그 아버가 예비하였으니(계 19:7).

내가 부족함이 없으리로다

2008년 11월 어느 날, 차 안에서 아내에게 물었다. "내가 죽으면 당신은 얼마나 억울할까? 네팔, 인도, 영국, 한국, 미국 등지를 돌아다니며 살고, 박사 학위를 받은 후에도 한국에 들어가지 못하고, 하나님의 영적 신학교에 들어가 하나님의 때를 기다리면서 50대 중반이 되도록 가정을 책임지지 못한 남편과 하나님께 대한 원망이 크지?" 그런데 아내는 "걱정 안 할 테니 죽어도 된다"고 말하는 것이다. 생각지도 못한 대답에 놀라며 섭섭해하는 나에게 아내는 첫째, 예수님이 계시니 남편 없어도 괜찮고, 둘째, 지금까지 잘 살아준 것만도 고맙고(공부하느라 물질적으로 안정된 삶을 살지 못했어도), 셋째, 남편 덕에 전 세계를 돌아다녔고, 넷째, 세계에서 가장 잘사는 미국에서 살고, 다섯째, 딸 셋 잘 자라서 좋은 친구가 되어서 좋고, 여섯째, 뭐라도 해서 먹고살 수 있고, 일곱째, 무엇보다 천국 갈 보장이 되었으니 이만큼 좋고 확실한 것이 무엇이냐고 말했다.

이 대답은 평소의 생각이 아니면, 바로 할 수 있는 것이 아니다. 힘든 상황에서도 감사할 이유를 찾고, 믿음의 말을 하는 아내가 한

없이 고마웠다. 이 또한 하나님께서 주신 은사이다. 아내는 어떤 상황에서도 불평과 원망보다는 감사의 말을 먼저 한다. 존경할 것도 없고 재정적으로 무능한 나에게 지금까지 존댓말을 한다. 나는 불세례와 그분의 영광에 녹아지기 전에는 하나님께 대한 낙심과 원망이 가득했다. 2005년 5월 31일 새벽 3시에 "네가 믿으면 하나님의 영광을 보리라"는 음성을 들은 후, 천둥같이 들리는 음성을 듣기도 하고, 꿈에 수없이 주님의 방문을 받은 나조차도 생각하기 쉽지 않은 믿음의 말을 하는 아내가 있기 때문에 지금까지 잘살고 있는 것이다. 예뻤던 아내는 손자 둘을 둔 할머니가 되었고 내년이면 60이 된다(2016년 7월에 이 글을 씀). 새벽 기도회 가는 차 안에서 "만 60이네"라고 했더니 "그것이 무슨 대수라고" 아무렇지 않게 대답하였다. 그런 아내가 고맙고 아내의 믿음이 부럽다. 잠언 4장 23절에 "무릇 지킬만한 것보다 더욱 네 마음을 지키라 생명의 근원이 이에서 남이니라"고 했다. 지혜롭고 생각을 조절할 줄 아는 아내가 참 귀하다.

5장

하나님의
임재와
치유 사역

암이 두 번 치유되다

킹덤 빌더즈가 "암 센터가 될 것이다"라는 주님의 음성을 들었지만, 특별히 암 치유를 위해 기도받으러 오는 사람은 없었던 2010년 10월이다. 교회 집사님이 눈암 진단을 받은 다른 교회 다니는 40대 중반의 여 집사님을 데리고 왔다. 양 눈 주위의 수백 개의 자잘한 폴립(혹)은 방사선으로 치료할 수 있지만, 나중에 두 눈을 각출할 수도 있다고 진단받았다. 이날부터 매일 새벽, 수요일 저녁, 주일 그리고 토요 집회에 참석하였고 그때마다 눈에 손을 얹고 기도하였다. 한 달 반쯤 후에 "나았다고 선포하라!"는 주님의 내적 음성이 들렸다. 그래서 즉시 "하나님께서 나았다고 말씀하셨습니다"라고 선포한 후, 다음부터는 "낫게 해주셔서 감사합니다. 완전하게 하심을 감사합니다"라고 기도하라고 하였다. 하나님께서 나았다고 하셨는데 "고쳐주세요"라고 기도하면 안 되는 것이다. 눈에는 어떤 기미도 보이지 않았지만, 수년간 들어온 분명한 하나님의 음성이었기 때문에 그렇게 선포했다.

담당 의사가 아무 치료도 하지 않았는데 폴립 색깔이 연해지고 전보다 상태가 좋아졌다고 말했다. 그래도 치료를 시작해야 한다고 하였다. 그러나 담당 의사가 여섯 번이나 바뀌는 2년여 동안 아무 치료도 받지 않았다. 여섯 번째 담당 의사가 완전히 치료되었다고 진단하였다. 왜 눈의 폴립들이 치료되었다고 선포하라고 한 순간 즉시 사라지지 않고 색깔만 점점 연해지고 시간이 지나면서 완전히 없어졌는지는 알 수 없다. 하나님께서 하신 일을 확실히 하기 위해, 믿음을 점진적으로 증가시키기 위해 그랬을 수도 있다. 담당 의사는 모두 치료되었지만, 그래도 모르니 약을 먹는 게 좋겠다면 처방전을 써 주었다. 집사님은 수요일 저녁 기도회에 와서 "약을 먹어야 할까요?"라고 물었다. 먹어도 잘못될 것은 없지만, 하나님이 이미 치유하셨다고 선언하신 상태이다. 그래서 다 같이 기도하였다. 일곱 명 모두가 만장일치로 "먹지 마라"는 응답을 받았다. 결국 병원 치료도, 약도 먹지 않고 하나님의 완전한 치유를 경험하였다. 하나님께서 하셨다! 이 치료에는 하나님에 대한 완전한 믿음과 그분께 생명까지도 맡기는 신뢰가 요구되었다.

그런데 4년이 지난 2014년 10월에는 일주일 사이에 오른쪽 목과 턱 사이에 달걀만 한 혹이 만져지는 것이었다. 나는 물혹일 거라고 집사님을 안심을 시켰다. 그러면서도 하나님의 치유를 목도한 목사로서 혹시 암이면 어떡하지? 치유받았는데 또 암이면……. 조금 염려가 되었다.

그 집사님이 병원에서 받아온 진단서에는 임파선암이라고 적혀 있었다. 이번에는 성령의 감동에 의해 기도를 시작하기 전에 어떻게 기도해야 할지를 주님께 물었다. 주일 예배 후에 여럿이 같이 기도했다. 한 자매가 암 주위를 싸고 있는 동그란 유리막을 보았고, 기도해도 잘 깨지지 않는다고 하였다. 다시 한번 기도했다. 이번에는 막내딸이 돔 형태의 유리막이 두 겹으로 싸여 있는데, 첫 번째는 쉽게 깨지는데, 두 번째는 두꺼워서 해머로 세게 때려야 깨진다는 것이다. 깨진다는 것은 치유가 된다는 말이다.

월요일 새벽부터 강하게 암을 꾸짖고 분노하여 소리치며 공격적인 기도를 하였다. 새벽과 수요일 저녁에도 "내가 너 암의 영을 미워하고 싫어하고 저주하노니 떠나라. 내가 너를 성령의 해머로 부수고 박살 내노라"고 2–3분 동안 강력하게 기도하였다. "마귀를 대적하라 그리하면 너희를 피하리라"(약 4:7)는 기도를 한 것이다. 주님께서 해머로 두드려야 깨진다고 하셨기 때문이다. 일주일 후 집사님이 "목사님, 보세요. 혹이 없어졌어요"라고 말했다. 정말 모든 사람이 걱정했던 뺨까지 올라온 달걀만 한 혹이 감쪽같이 사라졌다. 토요일 저녁에 피곤해서 딸 무릎을 베고 누웠는데, 딸이 습관적으로 혹이 있었던 오른쪽 목을 만졌다. 만져지지 않아서 왼쪽인가? 하고 왼쪽을 만져도 없는 것이다. "엄마, 혹이 없어졌어." 다시 한번 혹이 사라진 것을 가족이 확인한 것이다. 집사님 생각에 뿌리는 아직 조금 남아 있는 것 같다고 하였다. 그 주간에 한국에 집회가 있어서 출발해야 했다. "하나님께서 하셨으니 그 정도는 집사님 믿음으로 기도하면 없어집니다"라고 말해 주었다. 한국 집회를 마치고 돌아왔을 때 조금 남아 있던 뿌리도 완전히 사라지고 없었다. 할렐루야!

하나님께서 하시는 일이 신기하고 감탄스럽다. 이런 체험을 통해 나의 믿음도 이전보다 커졌으며, 또 한 번의 임상을 통해 눈에 보이는 암은 이 같은 방법으로 꾸짖고 대적하는 기도로 같은 결과를 기대할 수 있게 되었다. 믿지 않는 사람들을 위해 혹이 있는 사진과 일주일 후에 없어진 사진을 진단서와 함께 보관하고 있다. 믿지 않는 사람들과 가족들 심지어 믿는 자들조차 이런 일이 일어나면, "본래 암이 아니었을 것이다, 잘못 진단했을 것이다"라고 말하는 것을 자주 보았기 때문이다. 그들을 탓할 필요가 없다. 이성을 가진 사람들의 자연적인 생각이요, 대부분 사람의 반응이다. 교회 다니는 사람들도, 기도한다는 사람들도 이런 소식을 듣고 정말 기뻐하는 사람들을 많이 보지 못했다. 믿음은 전능하신 하나님에 대한 것이다. 초자연적인 것을 믿는 것이 진정한 믿음이다.

두 번이나 암을 믿음으로 고침받은 그 집사님에게 물었다. "병원 치료를 받지 않고 하나님께 모든 것을 맡기고 기도하면 하나님께서 치료해 주실 것을 어떻게 믿었어요?" 나는 생각지도 못한 대답을 들었다. 치료를 시작하면 수석 헤어드레서 일을 못할 것이고, 사업을 접은 남편 대신 책임지고 있는 생계 문제와 치료해도 보지 못한다면 차라리 죽는 것이 낫다고 생각했다는 것이다. 나는 그다음 말이 그분을 구원했다는 확신을 하게 되었다. "병원 치료를 받아 생명을 건져도 내가 믿음으로 극복하지 못하면, 두 딸에게도 언젠가는 똑같이 암이 올 것 같았어요. 그래서 하나님께 치료받아서 두 딸에게 암이 내려가지 않도록 끊고 싶었어요." 그래서 죽음을 무릅쓰고 하나님께 맡기고 기도받았다는 것이다. 궁극적으로 하나님께서 치료하신다. 그분의 이름이 '여호와 라파,' 치료의 하나님이시다(출15:26). 여기에 본인의 믿음의 기도가 있었다.

> 믿음의 기도는 병든 자를 구원하리니 주께서 저를 일으키시리라 혹시 죄를 범하였을찌라도 사하심을 얻으리라(약 5:15).

병 고치는 은사를 받은 자가 병든 자에게 손을 얹은즉 나으리라(막 16:18)는 말씀을 믿고 골리앗 같은 암 부위에 손을 얹고 기도해서 나은 것이다.

> 다른 이에게는 같은 성령으로 믿음을, 어떤 이에게는 한 성령으로 병 고치는 은사를(고전 12:9).

거식증 치유

오래전부터 알고 지내는 전도사님이 어느 자매의 기도를 부탁하였다. 거식증에 걸려 일살 생활을 할 수 없는 자매는 이화여대 법대 1학년을 다니다 휴학하고 미국의 이모 집에 와 있었다. 거식증은 식이장애 중 하나로 폭식증과는 다르게 음식을 거부하는 정신 질환이다. 심각하게 체중이 줄면 생명까지 위험해질 수 있다. 병원에서 1년에서 1년 반 정도 심리 치료를 받아야 하고 치료비도 많이 든다고 한다. 척추신경외과 의사인 아버지가 별다른 치료 방법이 없어서 미국으로 휴양 보냈다는 것이다. 교회에서 만난 자매는 너무 야윈 모습이었다. 21세인 자매의 몸무게는 38킬로그램이었다. 내 앞에 앉자마자 닭똥 같은 눈물을 흘리며 묻지는 않은 자기 이야기를 하였다.

자매는 어릴 때 할머니를 따라 교회에 다녔고, 할머니가 돌아가신 후에는 신앙이 없는 부모님 때문에 다니지 못했다. 어머니는 고3 언니의 대학 입시를 위해 많은 신경을 쓰며 돌봐 주었지만, 자매가 고3일 때는 무신경하였다. 이에 대해 불만이 생겼고 오기로 열심히 공부해서 이화여대 법대에 진학했다.

그동안 눌린 감정과 부모에 대한 불만이 많았던 자매에게 아버지는 대학에서 만난 남자친구와 헤어지라고 강요하였다. 부모님이 여름휴가를 갔을 때 남자친구를 집으로 초대했고, 이 사실을 알게 된 아버지가 외출 금지와 자매의 머리카락을 모두 잘라 버렸다. 그 충격으로 한 달 동안 방에서 나가지 않았고, 그렇게 좋아하던 치킨도 먹고 싶지 않고 모든 음식을 거부하였다. 이제는 힘도 없고 집중도 안 되어 아무것도 할 수 없을 상태가 되었다. 처음 보는 목사 앞에서 30분 넘도록 봇물 터지듯 이야기하며 많은 눈물을 흘렸다.

감정적인 부분에서는 어릴 때 교회 나갔던 기억과 자기 이야기를 들어준 사람이 목회자이고 부모에게 느낀 소외감 때문이기도 하지만, 무엇보다 내 안에 집중적으로 부어진 성령의 기름 부음이 자매의 영의 결박을 푸는 능력으로 전달되었기 때문이다.

이사야 선지자가 "주 여호와의 신이 내게 임하셨으니 이는 여호와께서 내게 기름을 부으사 가난한 자에게 아름다운 소식을 전하게 하려 하심이라 나를 보내사 마음이 상한 자를 고치며 포로 된 자에게 자유를, 갇힌 자에게 놓임을 전파하며"(사 61:1)라고 한 그 기름 부음이 결박을 끊은 것이다.

그 날에 그의 무거운 짐이 네 어깨에서 떠나고 그의 멍에가 네 목에서 벗어지되 기름진 까닭에 멍에가 부러지리라(사 10:27).

자매의 말을 들어주고 눈물이 멈출 때까지 지켜봐 주었다. 그리고 손을 얹고 기도해 주었다. 이미 기도하기 전에 주님께서 회개의 영과 치료의 영으로 임하신 것을 느꼈다. 자매에게 보자마자 왜 울었냐고 물었다. 의자에 앉은 순간 내 뒤로 어릴 때 교회에서 본 주님의 얼굴이 푸른 광채와 함께 자기에게 다가오는 것을 보고 눈물이 왈칵 터졌다는 것이다. 자매가 돌아가고, 며칠 후에 자매의 이모가 집에 와서 기도해 달라는 것이다. 그 집에 기도하러 갔더니 이번에는 더 놀라운 간증을 하였다.

오늘 새벽꿈에 하늘에서 회오리바람이 소용돌이치며 웅장한 소리가 들리면서 수많은 천사와 함께 흰옷 입은 분이 푸른 광채와 함께 내려오셨다. 두려운 마음이 들었지만, 가만히 누워 있었다. 그러자 푸른 광채가 자신을 송두리째 휘감아 지나갔다. 그리고 꿈에서 깨었고 갑자기 성경이 보고 싶어서 펼쳤더니 "사람이 일평생에 먹고 마시며 해 아래서 수고함으로 낙을 누리는 것이 하나님의 선물이라"는 말씀이 있었다. 이 구절과 비슷한 말씀이 전도서 세 곳에 있다.

사람이 먹고 마시며 수고하는 가운데서 심령으로 낙을 누리게 하는 것보다 나은 것이 없나니 내가 이것도 본즉 하나님의 손에서 나는 것이로다(2:24).

사람이 사는 동안에 기뻐하며 선을 행하는 것보다 나은 것이 없는 줄을 내가 알았고(3:12).

사람이 하나님의 주신바 그 일평생에 먹고 마시며 해 아래서 수고하는 모든 수고 중에서 낙을 누리는 것이 선하고 아름다움을 내가 보았나니 이것이 그의 분복이로다(5:18).

이 일 후에 갑자기 먹고 싶은 생각이 들었다. 6개월에서 1년 정도 휴양하려고 왔는데 몸무게가 회복되기 시작했고 3월 복학을 위해 한국으로 돌아갔다는 기분 좋은 소식을 들었다. 심리 상담이나 내적 치유도 하지 않았다. 두 번 기도한 것밖에 없다. 자매는 푸른 광채의 주님을 만나는 신비한 경험을 하였다. 주님의 방문은 병원에서 1년 반 정도 치료받아도 회복될지 모를 거식증을 순식간에 치유해 주셨다. 수정처럼 푸른 광채는 하나님의 영광, 그분의 아름다움이다. 에스겔서 1장 26절에는 하나님의 보좌 형상이 남보석(수정) 같다고 하였다.

병든 자에게 손을 얹을 때, 치유의 은사가 나타나기도 하고 치유 천사가 사역을 돕기도 하지만, 이 경우는 더 높은 영광의 주님 방문이 치유라기보다 창조적 기적을 베푸신 것이다. 앞으로 앉은

뱅이에게, 불구자에게, 식물인간에게, 불치병과 희귀병에 걸린 사람에게 푸른 광채의 주님이 오시면 놀라운 기적이 일어날 것이다.

10여 년 전에 불세례를 받고 하나님 영광의 영역 체험 중에 초청되어 갔던 오렌지카운티 한 교회 전도사님이 한 말이 기억났다. 그 전도사님은 환상을 보는 은사가 있었다. 종종 강사들이 설교할 때 뒤에서 흰빛이 보였는데, 목사님이 설교할 때는 푸른빛이 보였다고 했다. 불세례로 태워지고 하나님의 영광에 굴복되고 삼켜진 자들을 통해 푸른 수정 같은 영광의 광채가 나타나 세상을 치유하게 될 것이다. 그분은 영광의 왕이시다. 푸른 광채는 그분 영광의 현현이다. 주님과 푸른 광채는 분리될 수 없다. 완전히 굴복되고 주의 영광에 삼켜진 자들을 통해, 주님의 이름을 경외하는 자를 통해 푸른 영광의 광채가 나타나 세상을 치유하게 될 것이다.

나는 너희를 치료하는 여호와임이니라(출 15:26).

네 이름을 경외하는 너희에게는 의로운 해가 떠올라서 치료하는 광선을 발하리니 너희가 나가서 외양간에서 나온 송아지 같이 뛰리라 (말 4:2).

그 머리 위에 있는 궁창 위에 보좌의 형상이 있는데 그 모양이 남보석 같고 그 보좌의 형상 위에 한 형상이 있어 사람의 모양 같더라 (겔 1:26).

여호와의 영광 곧 우리 하나님의 아름다움을 보리로다(사 35:2).

선천적 장애 치유

1906년에 일어난 아주사 부흥이 절정을 이룬 1909년에 하나님의 영이 임하여 100여 년 후 캘리포니아에 그동안의 모든 부흥을 합친 것보다 더 강력한 부흥이 있을 거라는 예언이 선포되었다. 나도 이 부흥의 약속을 오래전에 받았다. 2014년 말에 "Revival Glory(부흥의 영광)"라고 말씀해 주셔서 2015년 1월부터 3년간 다민족 집회를 했다. 매주 토요일 저녁 7시부터 자정까지 하나님께 드리는 찬양과 춤을 추며 하나님만 바라는 최상의 경배를 드리고, 부흥을 위한 기도와 시대적 메시지들을 나누며 하나님의 임재 앞에서 그분의 영광을 사모하는 시간을 가졌다. 이 집회는 물이 바다를 덮음 같은 영광의 부흥을 위해, 그 영광이 머무는 영광의 집이 되는 데 그 목적이 있다. 이사야 선지자가 예언한 여호와의 영광이 임하고 머무는 지성소로 들어가 전 세계를 향한 대제사장적 마지막 추수 사명을 감당하는 그릇으로 준비되기 위한 것이다.

자정이 넘어 대부분 가고 열 명 정도가 남았을 때, 복도로 나오니 두 히스패닉 자매가 나가고 있었다. 그중 한 자매가 유독 뒤뚱뒤뚱 걸었다. 혹시 소아마비나 다리가 불편하냐고 물었더니 태어날 때부터 왼쪽 다리가 짧았다고 말했다. 치유 사역에서 사고나 질병으로 인한 장애 치유 보다 나면서부터 입은 장애는 다른 차원의 치유이다. 물론 전능하신 하나님은 불가능이 없고 질병이나 사고로 인한 장애나, 선천적 장애나 문제 될 것이 없다. 그러나 우리에게는 차이가 있다. 보다 큰 믿음과 능력이 요구된다.

하나님의 능력을 체험한 초창기에 청년들을 훈련해 팀 치유 사역을 한 적이 있다. 사고나 질병으로 부자유한 자들을 위해 기도했을 때 치유의 기적이 나타났지만, 소아마비나, 심한 중풍으로 마비된 사람들은 잘 치유되지 않았다. 청년들은 그만두었지만, 오랫동안 중단하지 않은 것은, 하나님을 믿는 나의 믿음과 내게 하나님의 능력이 부족한 것이 문제임을 알았고, 선천적 전신 마비가 치유되는 꿈을 보여 주셨기 때문이다. 그 이후 혼자서 길거리나 마켓에서 수년 동안 부끄러움을 무릅쓰고 기도하면 소아마비도 치유되고, 비틀어진 다리도 바르게 되며 튀어나온 척추가 들어가는 기적들을 경험하였다. 이런 하나님의 능력이 나타나는 것을 보면서 나의 믿음도 더욱 증가하였다. 하나님이 치유하실 것을 강하게 믿고 흑인 의사 사역자와 호주에서 온 사람들이 보는 앞에서 예수님의 이름으로 기도했을 때, 선천적 장애를 가진 자매의 다리가 치유되었다. 자매는 자기에게 일어난 일을 자기 눈으로 보고 놀랐을 뿐 아니라, 자기 몸을 만지시는 주님의 손길을 느끼고 쓰러졌다. 내가 자매를 향해 "하나님의 능력을 체험한 것보다 하나님을 체험한 것이다"라고 선포하자 통곡이 터져 나왔다. 옆에서 보고 있던 자매의 친구도 얼굴이 붉어지며 놀라워해서 그 자매도 기도해 주었더니 쓰러져 통곡하였다. 정작 고침받은 친구보다 더 큰 울음이 터져 나왔고 헛구역질을 하고 토하기까지 하였다. 어릴 때부터 신체적 학대와 정신적 고통을 많이 겪은 듯했다. 그곳에 있던 사람들도 하나님의 능력에 놀라워하며 함께 하나님께 영광을 돌렸다. 이것이 창조적 치유의 역사이다.

> 만군의 여호와께서 말씀하시되 이는 힘으로 되지 아니하며 능으로 되지아니하고 오직 나의 신으로 되느니라(슥 4:6).

> 예수께서 이르시되 할 수 있거든이 무슨 말이냐 믿는 자에게는 능치 못할 일이 없느니라 하시니(막 9:23).

> 내가 진실로 진실로 너희에게 이르노니 나를 믿는 자는 나의 하는 일을 저도 할 것이요 또한 이보다 큰 것도 하리니 이는 내가 아버지께로 감이니라(요 14:12).

소아마비 치유

예수님께서 성전을 청결하게 하신 후 자기에게 나아오는 소경과 저는 자들을 고치셨다.

> 소경과 저는 자들이 성전에서 예수께 나아오매 고쳐주시니(마 21:14).

왜 소경과 저는 자들일까? 눈에 보이게 치유가 나타나기 때문이다. 킹덤 빌더즈에서 암 치유 외에 두드러진 것은 소아마비 치유이다. 하나님은 10년 이상, 혹은 1년, 짧게는 한 달 정도 허리 디스크나 관절염으로 고생한 사람들이 병원에서 침이나 척추 교정으로 치유되지 못한 것을 치유해 주셨고, 소아마비나 한쪽 다리가 짧은 성인들의 다리는 즉석에서 치유해 주셨다. 소아마비(infantile paralysis, commonly polio, poliomyelitis)는 일반인들에게 흔히 알려진 폴리오(Polio) 바이러스에 의한 신경계의 감염으로 발생하며 척수성 소아마비의 형태로 발병한다. 5세 이하의 아이가 걸리는 경향이 많아 병명에 소아(小兒, infantile)가 들어가지만, 아이만 걸리는 병은 아니다. 나이 들어 걸리는 경우도 있는데 이럴 경우에는 성인마비라고 한다. 공통점은 한쪽 다리가 발육되지 않아 반듯하게 걷지 못하고 다리도 가늘다.

나도 1997년에 2층 높이에서 떨어져 오른쪽 발꿈치에 여섯 개의 철 나사로 고정하는 수술을 받았다. 지금도 피곤하면 그 발이 붓고 통증도 있고 절기도 한다. 그래서 저는 사람들의 고통을 알게 되었다. 불세례를 받고 치유에 대한 믿음을 가진 후로 10여 년간 저는 사람만 보면 길거리든 승강기든 기도해 주었다. 처음에는 허리 디스크와 척추 교정 차원에서 치유가 나타났으나, 어느 순간부터 평생 소아마비로 불구가 된 사람들도 치유가 되었다. 한쪽 다리가 현저하게 짧아 철제 보조기를 찬 사람도 치유해 주셨다. 우리집 앞을 목발을 짚고 양 옆으로 넓게 벌려 지나가던 40대 중반의 남미계 사람을 붙들고 기도했을 때, 보조기를 했지만 관계없이 다리를 길게 해주셨다. 30세에 성인마비에 걸려 50대 중반에 이른 유명 복음성가 목사님이 찬양 집회를 위해 미국에 왔다. 집회 후에 기도했을 때, 한쪽 다리가 현저하게 짧아 스프링 달린 철제 보조기를 한 왼쪽 다리를 즉석에서 길어나게 하셨다. 사람들이 "목사님, 목사님, 다리가 나와요" 하며 외쳤지만, 정작 그분은 자기 눈으로 보고도 기적을 실감하지 못하는 듯했다.

신학교 동기 중에 평생 소아마비로 힘들어하는 목사가 있었다. 그에게 교회 집회에 오라고 했다. 나와 같은 동네에 살아서 어릴 때부터 오른쪽 다리를 저는 것을 알고 전화한 것이다. 집회한 교회의 당회장실에서 우리 부부와 두 목사 부부 이렇게 여섯 명이 모였다. 다리 아픈 목사를 바닥에 앉으라 하고 두 다리를 맞춰 보니 오른쪽 다리가 4센티미터 정도 짧았다. 기도하면 그 다리가 나온다고 해도 다들 믿지 못하는 표정이었다. 두 다리를 잡으니 옆에 친구 목사가 내 아내에게 작은 목소리로 "전 목사 오늘 실수하네"라고 하였다. 그러든지 말든지 "예수 그리스도의 이름으로 명하노니 오른쪽 다리는 자라날지어다!"라고 선포하였다. 즉시 짧은 오른쪽 다리가 자라나 바르게 되었다. 일어나서 반듯이 서게 했더니 왼쪽 다리를 의지해 서서 바르지 않던 어깨가 반듯하게 맞았다. 친구 목사가 "○○야, 너 어깨가 맞아졌어"라고 탄성을 질렀다. 기적을 지켜본 친구 목사가 소아마비에 걸린 50대 초반의 집사님을 오라고 해서 똑같이 치유를 경험하게 하였다. 하나님께서 하신 것이다.

이제 오랫동안 기도한 반신 마비, 전신 마비, 불치병, 희귀병도 치유될 것이다. 한국에서 집회하고 있을 때, 미국에 있는 아내에게 카카오톡으로 메시지가 왔다. 파킨슨병으로 오랫동안 고생하던 집사님이 하루에 세 시간밖에 못 잤는데 지난 수요일에 기도받고 6시간 이상 잤다는 것이다. 할렐루야! 이처럼 하나님의 영광이 증가하면 하나님이 직접 행하시는 기적들이 나타나 "과연 하나님의 능력이로다" 하며 많은 사람이 주님께로 나아오는 교회 회복과 부흥이 일어날 것이다. 마지막 부흥은 성경이 약속한 영광의 부흥이기 때문이다. 그래서 주님께서 "하나님의 불, 하나님의 영광, 하나님의 능력이 교회 회복을 이룰 것이다"라고 말씀하신 것이다.

> 나는 너희로 회개케 하기 위하여 물로 세례를 주거니와 내 뒤에 오시는 이는 나보다 능력이 많으시니 나는 그의 신을 들기도 감당치 못하겠노라 그는 성령과 불로 너희에게 세례를 주실 것이요(마 3:11).

글로리아 디오스! : 벙어리 치유

웨스트민스터 신앙고백 소요리 문답 1조 1항은 "인간의 제일 되는 목적은 하나님을 영화롭게 하고 그를 영원토록 즐거워하는 것이다." 예수를 구주로 믿지 않는 사람들은 제외하고 믿는 사람들 가운데 하나님께 영광 돌리고 그분을 온전히 즐거워하는 사람들이 과연 얼마나 될지 궁금하다.

"글로리아 디오스!" 2015년 11월 멕시코 티화나 집회에서 말문이 열린 8세 여자아이가 태어나서 처음으로 한 말이다. 멕시칸 엄마가 말 못하는 아이를 위해 기도해 달라고 했을 때 아예 말을 못하는지, 또래보다 못한다는 건지 아무것도 모른 상태에서 양쪽 귀에 손을 대고 "이 귀머거리 귀신아 나가라"라고 기도했다. 그리고 엄마가 아이에게 "글로리아 디오스!(Glory to God, 하나님께 영광!)"

하자 아이가 조금도 망설이지 않고 "글로리아 디오스!" 하는 것이다. 놀란 목사님들이 큰 소리로 "글로리아 디오스! 글로디아 디오스!" 해보라고 하자, 아이가 눈을 둥그렇게 뜨면서 그만 울음을 터뜨리고 말았다.

그 후에 LA에서 들은 소식에 의하면, 그 또래들처럼 이제 말을 잘한다는 것이다. 여기에서 발견한 놀라운 사실 하나는, 예전에는 청각 장애인이 치유되면, 그때부터 갓난아이처럼 듣고 말하는 연습을 통해 오랜 시간이 지나서야 말을 할 수 있었다. 하지만 지금은 바로 모든 말을 알아듣고 또래들처럼 말할 수 있다는 것이다. 놀라운 하나님의 창조적인 기적이다. 그야말로 '글로리아 디오스'이다. 무엇보다 기쁜 것은 그 아이가 처음 한 말이 "하나님께 영광"이다. 이 일을 통해 다시 한번 우리 인생의 목적이 진정으로 하나님을 기쁘시게 하고 하나님께 영광 돌리는 것임을 생각하게 되었다.

들을 수 있고 말할 수 있음에도 하나님께 영광 돌리지 못한다면, 삶의 목적과 가치를 알지 못하는 무지하고 맹목적인 짐승 같은 삶이 아니고 무엇이겠는가? 우리는 하나님의 영광을 위해, 그분의 찬송을 부르기 위해 지음받았다.

무릇 내 이름으로 일컫는 자 곧 내가 내 영광을 위하여 창조한 자를 오게 하라 그들을 내가 지었고 만들었느니라(사 43:7).

이 백성은 내가 나를 위하여 지었나니 나의 찬송을 부르게 하려 함이니라(사 43:21).

아이가 스마일한다

치유를 위한 지식의 말씀을 주시는 것은 청소년과 평신도 사역팀을 사용해 하나님의 군대를 세우기 위한 시대적인 하나님의 섭리이다. 이 사역을 통해 어린이도 치유팀에 합류할 수 있다. 모든 성도가 강력한 치유의 군대로 사역하기 위해 은사 전이와 훈련이 필요하다. 지식의 말씀 은사는 이 은사를 받은 사람이 기도하면, 사역팀에게 없는 지식이 성령에게서 온다. 치유를 위한 지식의 말씀이 있고, 사람의 상한 마음을 치유하는 예언적 격려를 위한 지식의 말씀이 있다. 여기에서는 육체적 질병 치유를 위한 지식의 말씀을 다루고자 한다.

아이들을 포함한 청년들과 팀 앞에서 "치유를 위한 지식의 말씀을 주세요"라고 기도하고 기다리면, 팀원들에게 성령께서 어떤 것을 보여 주시거나, 어떤 단어나 음성으로 말씀하신다. 아픈 부분이 보이기도 하고 구체적인 음성이 들리기도 한다. 일반적으로 많이 나타나는 현상은 자기 몸의 어느 부위가 갑자기 아픈 것이다. 한쪽 어깨나 오른쪽 무릎이 아프든지, 몸의 어느 부분에 아픈 증상이 나타난다. 그러면 한 사람씩 말하고 어떤 부분이 어떻게 아픈지를 설명하면, 회중 가운데 정확하게 그런 증상으로 아픈 사람이 있기 마련이다. 하나님께서 그 사람을 치유하시려고 성령을 통해 지식의 말씀으로 말씀하시기 때문이다.

경험에 의하면, 아이들과 청소년 열 명을 앞으로 나오게 하고 이렇게 말했다. "목사님이 기도하면 몸의 어느 부분이 보이거나,

단어나 음성이 들리거나, 어느 부위가 아프면 이야기해 줘." 첫 번째 기도하면, 4~5명이 지식의 말씀을 받고, 두 번째 기도하면 6~7명, 세 번째 기도하면 7~8명이 받는다. 설명한 증상을 가진 사람이 나오면, 그를 위해 아이들과 청소년들이 기도할 때, 가벼운 것에서부터 10년 동안 치유되지 않은 질병과 X-Ray나 MRI에도 나타나지 않은 병까지 치유되는 것을 보았다.

어느 날 주님께서 "너희 교회가, 킹덤 빌더즈가 강력한 무기를 가졌다"고 말씀하셨다. 암을 포함한 치유 사역 외에 지식의 말씀도 포함한 것으로 여겨진다.

2008년 어느 토요일 오후에 25명 정도가 모였다. 아이들을 앞으로 나오게 해서 지식의 말씀을 위해 기도했다. 3세 아이가 뭐라고 하는데 알아들을 수가 없었다. 아이 엄마가 무슨 말인지 알려 주었다. 그날 온 사람들 가운데 다섯 사람에 대한 지식의 말씀을 전해서 너무도 놀랐던 기억이 지금도 새롭다. 하나님은 우리와 상의하고 새 일을 행하는 분이 아니시다. 우리가 보지 못하고, 경험하지 않은 일이라고 해서 하나님이 하시는 일이 아니라고 할 수 없다. "현저하게 다르게 하라!"고 하셨다. 나는 아주 작은 일이라도 성령께서 하시는 일이라고 하면 귀하게 여긴다. 작은 일에 충성해야 점점 더 큰 기적이 나타날 것이다. 심지어 "아이들 데리고 점치느냐"는 소리도 들었지만 중단하지 않았다. 내가 잘못되지 않았음을 알기 때문이다. 성령의 역사를 알지도 못하고 천하게 여기는 것은 하나님 역사의 근처에도 가보지 못한 자들이거나, 이 사역에 상처를 받았거나, 사역하다가 성공하지 못해서 소용없다고 내팽개치는 자들이다.

예수님께서 성전을 청결하게 하신 후, 소경과 저는 자들을 고쳐 주시는 것을 보고 대제사장들과 서기관들이 예수님이 하시는 일을 이상히 여겼다. 그리고 아이들이 메시아이심을 환영하여 "호산나 다윗의 자손이여!" 하자 분을 발하였다. 그때 주님께서 어린아이와 젖먹이들의 입에서 나오는 찬미를 온전하게 하셨다고 말씀하셨다.

> 소경과 저는 자들이 성전에서 예수께 나아오매 고쳐주시니 대제사 장들과 서기관들이 예수의 하시는 이상한 일과 또 성전에서 소리질 러 호산나 다윗의 자손이여 하는 아이들을 보고 분하여 예수께 말 하되 저희의 하는 말을 듣느뇨 예수께서 가라사대 그렇다 어린 아 기와 젖먹이들의 입에서 나오는 찬미를 온전케 하셨나이다 함을 너 희가 읽어 본 일이 없느냐 하시고 (마 21:14-16).

지금 하나님은 아이들과 평신도들을 통해 강력한 치유의 군대 를 일으키기 원하신다. 치유를 위한 지식의 말씀으로 일어난 두 가 지 기적을 나누고 싶다.

치유를 위한 지식의 말씀을 기도할 때, 한 아이가 장기 한 부분 이 꼬여 있는 것을 보았다. 그래서 배가 아픈 사람이 있느냐고 물 었다. 한 집사님이 10년 동안 배가 꼬이는 것처럼 아픈데, 병원에 서 X-Ray와 여러 검사를 해도 원인을 알 수 없어서 치료를 제대 로 못 받았다고 말했다. 10년 전에 어떤 일이 있었냐고 물었다. 혹 시 어떤 사람을 용서 못한 일이 있었냐고 물었다. 그런 일이 있다고 대답했다. "그 사람을 미워한 것을 회개합니다. 그리고 그를 용서합니다"라고 기도하게 한 후, 아픈 부분을 본 아이에게 기도하라고 했더니 신기하게도 통증이 싹 사라졌다.

하나님은 여호와 라파, 치료의 하나님이시다. 현대 의학이 원인도 알아내지 못하고 고치지 못하는 병을 순간적으로 고치셨다. 그 통증은 육체뿐 아니라 심적이고 영적인 것에서 기인한 것이다. 치유를 위한 지식의 말씀 은사는 우리가 이 사역을 받아들이고, 아픈 사람을 고치고자 하는 마음으로 성령의 능력의 통로가 되도록 자신을 내어드리면 된다.

2009년 2월 26일(목) 새벽에 "아이가 스마일한다"는 내적 음성이 들려왔다. 이틀 후 29일(토)에 임신 못한 40세 집사를 위해 기도하라는 치유를 위한 지식의 말씀이었다. 정기 집회가 아닌데도 아이들까지 포함해서 40명이 모였다. 치유를 위한 지식의 말씀에 대해 가르친 후 기도하였다. 멀리서 온 목사님과 그의 6세 딸 한나를 포함하여 청년들과 집사님들도 지식의 말씀을 받고 서로 기도하며 하나님의 치유 역사를 기뻐하였다. 특별히 결혼한 지 10년이 되었지만, 아이가 없는 40세 집사님을 위해 기도할 때, 20세 자매가 배가 아픈 지식의 말씀 증상을 느끼면서 환상 중에 배 안에 갈매기 모양 같은 것이 보인다고 하였다. 그래서 아이가 없는 집사님의 아랫배에 대고 기도하라고 했다. 자매가 손을 대고 기도하자 집사님이 왼쪽에서 오른쪽으로 무엇이 옮겨가는 느낌을 받았다고 했다. 그래서 나는 "자궁이 조정되고 치료되었다"고 선포하였다. 자매가 딸아이가 보인다고 해서 즉시 하나님께서 태를 여시고 딸을 주실 것을 선포하고 감사하며 기도하였다.

이틀 전 목요일 새벽에 뜬금없이 "아이가 스마일한다"는 음성을 들은 것이 이 일을 위한 것임을 알게 되었다. 그리고 딸을 임신했다는 기쁜 소식을 들었다. 이전에도 14년, 7년, 5년, 3년 동안 아기를 갖지 못하는 사람들을 위해 기도했을 때, 아기를 잉태하는 일들이 있었다. 이러한 사실을 상세히 적는 것은 그동안의 훈련과 사역의 경험을 통해 터득한 패턴을 알게 하기 위함으로 앞으로의 훈련을 위한 자료로 삼기 위해서이다. 또한 이 글을 읽는 많은 성도와 목회자들이 종교의 전통을 넘어서서 하나님께서 이 시대에 행하시는 놀라운 역사에 관심을 갖고 자신들을 하나님의 기적과 능력의 통로로 준비하는 마음을 갖게 하려 함이다.

마음이 심히 공허한 사람이 올 것이다

2009년 3월 7일 토요일 킹덤 빌더즈 집회에서 있었던 일이다. 이틀 전에 "이번 집회에 마음이 심히 공허한 사람이 올 것이다"라는 지식의 말씀을 들었다. 이처럼 어떤 사람에 대한 지식의 말씀은 사람들이 오기도 전에 주어지기도 한다. 그것이 예언 격려를 위한 것이면, 예언을 위한 지식의 말씀이고, 치유를 위한 것이면, 치유를 위한 지식의 말씀이다. 사역 중에 "이번 집회에 마음이 심히 공허한 사람이 올 것이라고 하셨습니다. 움직임이 없고 막막하고 공허한 심령을 가진 사람이 있습니다. 누구입니까? 빛이 있으라 하십니다"라고 선포하였다. 그리고 아들 셋을 데리고 온 큰 교회에 다니는 집사님이 나와서 간증하였다.

12년 전 하나님을 만난 후부터 하나님의 음성을 들었는데, 지난 5년간 교회생활을 하면서 각종 프로그램 참여와 행사에 바빠서 하나님과의 교제를 할 수 없었고, 하나님의 음성이 들리지도 않아 너무 마음이 공허했다는 것이다. 주일날 아이들은 교회에 들여보내고 정작 자신은 예배 안 드린 지 한 달이 되었다는 것이다. "마음이 심히 공허한 사람이 있다. 빛이 있으라!"라고 선포할 때, 자신에게 선포된 말씀임을 알았고 회개의 기회가 되었다고 말했다. 간증 후에는 또 다른 예언 격려의 말씀을 주셨으며, 은혜를 회복하는 기회가 되었다.

우리가 때로 힘든 일을 만나 '하나님이 나를 버리셨나? 하나님이 나를 잊으셨나?' 하며 실망할 때도 하나님은 나를 아신다. 그분은 우리를 향한 좋은 계획을 가지고 계신다. 우리는 하나님을 포기할 수 있어도, 하나님은 우리를 포기하지 않으신다.

그러나 나의 종 너 이스라엘아 나의 택한 야곱아 나의 벗 아브라함의 자손아 내가 땅 끝에서부터 너를 붙들며 땅 모퉁이에서부터 너를 부르고 네게 이르기를 너는 나의 종이라 내가 너를 택하고 싫어 버리지 아니하였다 하였노라 두려워 말라 내가 너와 함께 함이니라 놀라지 말라 나는 네 하나님이 됨이니라 내가 너를 굳세게 하리라 참으로 너를 도와 주리라 참으로 나의 의로운 오른손으로 너를 붙들리라 (사 41:8-10).

마음이 상한 사람을 치유하기 위해 주시는 지식의 말씀도 있다. 하나님은 상한 갈대를 꺾지 아니하며 꺼져가는 등불을 끄지 않으신다(사 42:3). 지식의 말씀을 받는 통로가 되면, 육신의 질병뿐만 아니라 심령의 질병도 고칠 수 있다. 예수님께서 사마리아 여인에게 "가서 네 남편을 불러 오라"(요 4:16)고 하신 말씀은 심령의 상처를 치유하기 위한 지식의 말씀이다.

집회에 처음 참석한 50대 여자 집사님에게 "남편 때문에 너무 마음 상하지 말라 하십니다"라고 말하자, 이상하다는 표정으로 쳐다보았다. 집회 끝날 무렵에 자기가 남편 때문에 힘들어하는 것을 어떻게 알았느냐고 물었다. "저도 모릅니다. 성령께서 그렇게 말씀하셨습니다." 다음 집회에 와서 이렇게 말했다. "목사님, 제 말 좀 들어 보세요. 제 말을 들으면 그렇게 말씀 못하실 거예요. 남편은 저를 학대합니다. 한두 번이 아닙니다. 절대 남편을 용서할 수 없어요." "나는 집사님 사정을 모릅니다. 하나님께서 그렇게 말씀하셔서 전해 드린 거예요. 그렇게 하는 것이 집사님을 위한 것입니다." 이처럼 지식의 말씀은 평소 알고 있는 지식에서 온 것이 아니라, 어떤 사람을 향한 하나님의 깊은 심정을 성령을 통해 알려 주시는 것이다. 그래서 그대로 행하면 해결책이 되고 복이 된다. 아홉 가지 은사 중 하나인 지식의 말씀은 치유의 목적으로 주시기 때문이다.

어떤 이에게는 같은 성령을 따라 지식의 말씀을(고전 12:8).

기록된바 하나님이 자기를 사랑하는 자들을 위하여 예비하신 모든 것은 눈으로 보지 못하고 귀로도 듣지 못하고 사람의 마음으로도 생각지 못하였다 함과 같으니라 오직 하나님이 성령으로 이것을 우리에게 보이셨으니 성령은 모든 것 곧 하나님의 깊은 것이라도 통달하시느니라 사람의 사정을 사람의 속에 있는 영 외에는 누가 알리요 이와 같이 하나님의 사정도 하나님의 영 외에는 아무도 알지 못하느니라 우리가 세상의 영을 받지 아니하고 오직 하나님께로 온 영을 받았으니 이는 우리로 하여금 하나님께서 우리에게 은혜로 주신 것들을 알게 하려 하심이라 (고전 2:9~12).

능력 전도(1) : 지식의 말씀과 치유

바울 사도는 "내 말과 내 전도함이 지혜의 권하는 말로 하지 아니하고 다만 성령의 나타남과 능력으로 하여 너희 믿음이 사람의 지혜에 있지 아니하고 다만 하나님의 능력에 있게 하려 하였노라"(고전 2:4~5)고 하였다. 성령의 능력으로 하는 전도를 말한다. 초대교회 일곱 집사 중 하나인 스데반은 은혜와 권능이 충만하여 큰 기사와 표적을 민간에 행하였다(행 6:8). 빌립 집사는 천사가 예루살렘에서 가사로 내려가는 길로 가라 하여 갔다가 에티오피아 여왕의 내시를 만나 이사야의 글을 해석해 주고 세례를 주었다. 그 후 주의 영이 빌립을 홀연히 이끌어 갔다. 이들은 모두 성령의 능력으로 전도한 것이다. 능력 전도는 치유뿐 아니라, 하나님의 음성과 지식의 말씀과 환상과 예언 등의 은사들을 통해 전도하는 것이다.

2010년 1월 18일, "더 좋은 것을 주시지 않겠느냐?"는 내적 음성이 들려왔다. 이 좋은 것은 누가복음 11장 13절에 의하면, "성령을 주시지 않겠느냐"였다. 성령이 임하면 은사도 겸하여 임한다. 1월 25일에는 비몽사몽간에 "우리 교회가 파워풀한 무기를 가졌다"라는 음성이 들렸다. 1월 27일에는 "사명을 따라가라"는 내적 음성이 임했는데, 그때가 능력 전도를 할 때였기 때문이다. 이를 위해 강력한 무기, 곧 성령의 은사를 주셨다는 것을 확증해 주신 것이다. 그즈음 청년들을 훈련하여 팀으로 능력 전도를 하였고 많은 역사가 나타났다.

첫째는 즉각적으로 나타난 치유였다. 둘째는 이를 위한 지식의 말씀이 주어졌다. 팔, 다리 교정 치료와 허리 디스크와 골반 등을 기도하면 즉각적인 치유가 나타났다. 10대 아이들이 스케이트보드를 타고 노는 공원에서 한 달 전에 오른쪽 손목을 다친 17세 남자아이를 위해 기도했다. 다른 아이들은 바로 치유되는데 이 아이는 바로 낫지 않았다. 한 번 더 기도해도 마찬가지였다. 팀원들에게 기도해 보라고 했더니, 한 자매가 어두운 바다와 그 아이 엄마 얼굴이 보인다고 했다. 아이에게 물어보니 엄마가 쿠바에서 보트를 타고 미국으로 탈출했다는 것이다. 이는 전도 대상자의 마음 문을 열기 위해 보여 주신 지식의 말씀이다. 다른 자매는 그 아이가 차고에서 기타로 록 연주하는 것이 보인다고 하였다. "너 차고에서 록 연주하니?" 그래서 우리 모두 이에 대한 용서를 구하고 마귀를 대적하고 치유를 선포하는 기도를 하였다. 그때서야 손목 통증은 감쪽같이 사라졌고 아이는 보드를 들고 친구들에게 달려갔다.

그곳에 아이들 노는 것을 구경하던 남미계 중년 남자가 있었다. 그를 위해 기도하자, 침대에 누워 있는 한 여자가 보여서 누구냐고 물었다. 아내가 아파서 누워 있다고 했다. 이것을 알려 주신 분은 하나님이고 예수님을 전하고 아내의 치유를 위해 함께 기도하였다.

어느 날은 한국에서 전도팀과 함께 백화점에 갔다. 1층과 2층으로 팀을 나누어 보내고 한 바퀴를 돌아 2층으로 갔다. 20대 초반의 김 전도사가 이끄는 팀이 고등학교 2학년 여학생 다섯 명에게 전도하고 있었다.

김 전도사가 한 학생에게 하나님이 알려 주시는 것으로 예언하자, 뒤에서 난간에 삐딱하게 기대고 있던 학생이 "에이, 우리가 십대라서 예민하니까 누구라도 말할 수 있는 일반적인 이야기 아니에요?" 하며 딴죽을 거는 것이다. 김 전도사가 앞으로 불러서 그 학생을 위해 기도했을 때, 팀원 중 한 자매가 방 벽에 큰 브로마이드가 걸려 있는데 엄마의 얼굴이 보인다고 하였다. 김 전도사가 "방에 연예인 사진 붙여 놓았니?"라고 물었다. 아니라고 해서 "그럼 엄마와 안 살지?"라고 하자 얼굴이 붉어지는 것이다. "밖에서는 아무 일 없는 것처럼 친구들과 조잘조잘 대지만 나이 차이 나는 언니와는 얘기도 못하고 집에 가면 혼자 방에서 많이 울지?" 그랬더니 참았던 눈물이 터져 나오면 흐느껴 우는 것이다. 전도팀 자매들이 둘러서서 기도해 주었다. 부모의 이혼으로 아빠와 살면서 엄마를 그리워하는 마음이 벽에 걸린 브로마이드에 엄마 얼굴로 나타난 것이다. 주님은 모든 것을 다 아신다는 것을 알게 해주신 능력 전도였다.

이처럼 능력 전도는 자신에게 없는 하나님의 지식이 전달되는 지식의 말씀 은사와 환상과 성령의 음성을 통해 복합적으로 이루어지는 파워풀한 전도 방법이다. 성령이 충만했던 초대교회 성도들은 이러한 방법으로 복음을 전하였다. 그리고 치유 사역과 함께 지금도 복음이 증거되지 않은 지역과 모슬렘 지역에서도 효과적으로 복음을 전하는 방법이다. 예수님께서도 사마리아 수가성 여인에게 지식의 말씀으로 전도하셨다. 그로 인해 많은 동네 사람들이 예수를 믿게 되었다.

> 가라사대 가서 네 남편을 불러 오라 여자가 대답하여 가로되 나는 남편이 없나이다 예수께서 가라사대 네가 남편이 없다 하는 말이 옳도다 네가 남편 다섯이 있었으나 지금 있는 자는 네 남편이 아니니 네 말이 참되도다(요 4:16-18).

> 여자의 말이 그가 나의 행한 모든 것을 내게 말하였다 증거하므로 그 동네 중에 많은 사마리아인이 예수를 믿는지라(요 4:39).

능력 전도(2) : 영혼 추수를 위한 은사

능력 전도가 일어나면 추수는 끝나지 않는다. 능력 전도의 원조는 예수님이시다. 그분이 천국 복음을 전파하실 때 병자를 고치고, 귀신을 쫓아내고, 죽은 자를 살리고 이적과 기사를 행하셨다.

예수께서 온 갈릴리에 두루 다니사 저희 회당에서 가르치시며 천국 복음을 전파하시며 백성 중에 모든 병과 모든 약한 것을 고치시니 그의 소문이 온 수리아에 퍼진지라 사람들이 모든 앓는 자 곧 각색 병과 고통에 걸린 자, 귀신 들린 자, 간질하는 자, 중풍 병자들을 데려오니 저희를 고치시더라(마 4:23-24).

그리고 열두 제자에게 권세와 능력을 주셔서 파송하셨다. 마태복음 10장 1절에 "예수께서 그 열두 제자를 부르사 더러운 귀신을 쫓아내며 모든 병과 모든 약한 것을 고치는 권능을 주시니라"고 하셨다. 예수님이 칠십인 제자에게도 동일한 능력을 주시며 전도하도록 파송하셨다. 그들이 돌아와서 기뻐하며 "주여 주의 이름으로 귀신들도 우리에게 항복하더이다"(눅 10:17) 하였을 때, 주님은 "내가 너희에게 뱀과 전갈을 밟으며 원수의 모든 능력을 제어할 권세를 주었으니 너희를 해할 자가 결단코 없으리라"(눅 10:19)고 하셨다. 천국 복음이 말씀만이 아니라, 능력으로 전파된 것이다. 이처럼 십자가와 부활의 복음은 능력의 복음이다.

십자가의 도가 멸망하는 자들에게는 미련한 것이요 구원을 얻는 우리에게는 하나님의 능력이라(고전 1:18).

예수 그리스도 이름의 능력이다.

은과 금은 버게 없거니와 버게 있는 것으로 네게 주노니 곧 나사렛 예수 그리스도의 이름으로 걸으라(행 3:6).

그리스도의 십자가 보혈의 능력이다.

너희가 알거니와 너희 조상의 유전한 망령된 행실에서 구속된 것은 은이나 금 같이 없어질 것으로 한 것이 아니요 오직 흠 없고 점 없는 어린양 같은 그리스도의 보배로운 피로 한 것이니라(벧전 1:18-19).

요한일서 1장 7절은 "그 아들 예수의 피가 우리를 모든 죄에서 깨끗하게 하실 것"이라고 말한다. 요한계시록 1장 5-6절은 "예수님이 우리를 사랑하셔서 그의 피로 우리 죄에서 우리를 해방하시고 우리를 나라와 제사장으로 삼으셨다"고 말한다. 피 흘림이 없이는 죄 사함이 없다. 예수 그리스도의 피가 죄를 사하고 구원하는 능력이다. 성령의 능력이다.

내 말과 내 전도함이 지혜의 권하는 말로 하지 아니하고 다만 성령의 나타남과 능력으로 하여 너희 믿음이 사람의 지혜에 있지 아니하고 다만 하나님의 능력에 있게 하려 하였노라(고전 2:4-5).

하나님 말씀의 능력이다. 곧 좌우에 날선 검, 성령의 검이다.

하나님의 말씀은 살았고 운동력이 있어 좌우에 날선 어떤 검보다도 예리하여 혼과 영과 및 관절과 골수를 찔러 쪼개기까지 하며 또 마음의 생각과 뜻을 감찰하나니(히 4:12).

예수님의 제자들과 빌립 집사와 바울과 바나바도 이러한 능력으로 복음을 전했다. 한마디로 능력 전도이다. 성령의 능력은 복음을 전하는 자들을 성령의 음성과 환상과 지식의 말씀으로 가르치고 인도하고 지시하며 장래 일을 알게 하셨다. 그리고 성령의 기름 부음은 능력을 동반하여 성령의 권능으로 포로 된 자를 자유롭게 하고 갇힌 자를 풀어 주셨다. 빌립과 바울 사도를 비롯하여 제자들에게 전도와 선교는 성령의 일이었다.

주를 섬겨 금식할 때에 성령이 가라사대 내가 불러 시키는 일을 위하여 바나바와 사울을 따로 세우라 하시니(행 13:2).

"두 사람이 성령의 보내심을 받아 실루기아에 내려가 거기서 배 타고 구브로에 가서"(행 13:4)라고 하신 바와 같이 바울과 바나바는 성령의 보내심과 이끌림을 받아 전도하였다. 오늘날도 이러한 능력 전도는 가능하다.

첫째, 전도 나가기 전에 성령의 인도와 방향을 구한다. 어느 곳, 어떤 사람에게 복음을 전할지에 대한 지식의 말씀을 구하고, 어떻게 전할지에 대한 지혜의 말씀을 기도하며, 성령의 음성을 듣는다. 또 악한 세력으로부터의 보호와 파송 기도를 한다. 둘째, 나가서도 성령의 인도를 받고 전도 대상자를 만나도록 기도한다. 셋째, 전도 대상자를 만나면 웃는 얼굴로 인사하고 접촉점을 찾고 관심사를 나누면서 불편한 곳이나, 어떻게 아픈지, 다쳤는지, 어떤 어려움이 있는지 묻는다. 넷째, 팀 전도할 때는 팀장이나 외향적이고 사교적인 사람이 먼저 말을 걸고 대화를 시작한다. 상대방을 칭찬하고 격려한다. 다섯째, 복음을 전할 때 교회가 아니라 하나님 나라와 예수 그리스도를 소개하고 전한다. 여섯째, 기도해도 되겠냐고 묻고 치유 기도와 지식의 말씀과 환상과 예언의 말씀으로 격려한다. 일곱째, 사역 중에 다른 사람을 보여 줄 때는 그 사람을 다음 순서로 한다. 여덟째, 모든 것을 성령의 능력을 의지하여 믿음으로 하고 결과는 주님께 맡긴다. 아홉째, 가까운 건강한 교회에서 신앙 생활을 하고 성경을 읽고 기도생활을 하도록 권면한다. 후속적으로 기도와 지도를 원하면 모임으로 초대한다.

능력 전도(3) : 강력한 무기인 치유

2010년 1월 25일 잠깐 졸았을 때, "우리 교회가 강력한 무기를 가졌다!"라는 내적 음성이 들렸다. "이제부터는 한국 사람에게 전도하라. 은행에 가면 기도할 사람이 있다"는 감동을 받았다. 은행에서 내 차례를 기다리는 중에 어떤 아주머니가 다리를 절면서 걷는 것이다. 30년 전에 교통사고로 신경이 손상되었다고 했다. 기도하면 하나님께서 낫게 해주신다고 했더니 자기도 권사이고 믿기는 하지만 말씀이 더 중요하다고 하는 것이다. 그래서 말씀이 곧 능력이라고 말해 주었다. 믿음은 들음에서 나는데 말씀이 중요하다고 하면서도 치유에 대한 말씀을 듣지 못한 듯하고 그런 믿음도 없었다. 아픈 지 오래되었고 그냥 포기하고 불편한 몸으로 평생을 살겠다는 것이다.

오늘날 목회자들은 치유에 대한 믿음이 없다. 그래서 치유 설교나 가르침을 하지 않고 말씀만 강조해서 나타난 폐단이다. 그들도 예수님의 3대 사역이 천국 복음을 전파하고, 말씀을 가르치고, 병자를 치유하고 귀신을 쫓아낸 것임을 알면서도 믿지 않고 행하지 않는 것이다.

주님도 네가 낫고자 하느냐 물으셨다. 강력한 무기(치유)를 가졌다는 음성을 들었어도 강제로 기도할 수는 없는 노릇이다. 다음날 마켓에서 전도하다가 다리 저는 40대 아주머니를 만났다. 40년 전부터 절었다고 했다. 아마 어릴 때 소아마비를 앓은 것 같다. 하나님께서 소아마비를 치유하신다고 말해도 믿지 않았고 기도도 거절하였다. 그러면서 자신은 여호와의 증인이라고 하였다. 두 번이나 무기를 사용하지 못한 것이다. 그렇다고 낙심할 필요가 없다. 다음날 새벽에 거실 소파에서 묵상하다가 "사명을 따라가라"는 내적 음성을 들었다. 사람들이 기도를 거절하고 거부해도 사명을 따라, 은사를 따라 중단하지 말라는 주님의 격려였다. 다음은 능력 전도에 관해 들려온 음성이다.

1. 좋은 것을 주시지 않겠느냐?

주님께서 "하늘에 계신 너희 아버지께서 구하는 자에게 좋은 것을 주시지 않겠느냐"(마 7:11)고 하셨다. 그런데 누가복음 11장 13절에는 "너희 천부께서 구하는 자에게 성령을 주시지 않겠느냐"

고 하셨다. 하나님께서 우리에게 주시기 가장 좋아하는 것은 성령이다.

2. 교회가 강력한 무기를 가졌다.

이 강력한 무기는 방어용이 아니고 적의 진지를 공격하여 파괴하고 점령하는 공격용이다. 사람들을 사로잡고 있는 악한 마귀를 공격하여 그들을 구출하는 치유와 능력의 은사를 말한다.

3. 사명을 따라가라.

남이 하지 않고 어려움이 닥쳐도 중단하지 말고 부르심의 소명대로 사명을 감당하라는 것이다. 궁극적인 소명과 사명에는 권위와 능력이 부여된다.

나의 달려 갈 길과 주 예수께 받은 사명 곧 하나님의 은혜의 복음을 전하려 하는 일을 마치려 함에는 나의 생명을 조금도 귀한 것으로 여기지 아니하노라(행 20:24).

태국에서의 소아마비 치유

태국은 세계적인 관광지이다. 전 세계에서 관광 도시인 방콕을 찾아온다. 관광 도시답게 호텔업이 발달하여 다양한 가격대의 호텔이 즐비하다. 어떤 사람들은 쇼핑을 위해, 어떤 사람들은 밤 문화를 즐기기 위해, 어떤 사람들은 다양한 음식을 즐기기 위해 태국

여행을 한다.

　태국 사람들은 관광객에게 호의적이고 낙천적이고 여유로움이 있다. 국민 대다수가 불교도인 이들은 자신감이 넘치고 타인에 대한 넉넉한 관대함이 있다. 태국은 장신대학원에서 공부할 때, 아시아 7개국 단기 선교 훈련 중에 처음 방문한 이후로 19번째 방문이다. 2017년 1월, 20여 년 만에 아내와 태국에 갔다. 한적한 바닷가에서 코코넛 하나를 시켜 놓고 의자에 앉아 쉬고 있는데 한 무리의 인도 사람들이 다가오고 있었다. 그중에 눈에 띄는 나이 든 여자가 있었다. 한눈에 보아도 소아마비로 한쪽 다리를 절고 있었다. 가볍게 인사하며 "인도에서 오셨어요? 저도 오래전에 방갈로르에서 산 적이 있습니다. 인도 어디에서 오셨어요?"라고 친근하게 물었다. 그들은 뭄바이와 북쪽 도시와 방갈로르에서 왔다고 했다. 모두 일가친척인 듯했다. 영어로 대화하면서 얼굴이 환해진 틈을 타 다리 저는 여자에게 말했다. "내가 보니 소아마비인 듯한데 내게는 영적 파워가 있어서 당신을 도와줄 수 있습니다. 잠시만 시간을 내면 짧은 다리가 자라납니다." 의아해하면서 60년이 넘었는데도 가능하냐고 물었다. 아무리 오래됐어도 고쳐진다고 했더니 의자에 앉았다. 처음부터 힌두교도들에게 기독교의 하나님, 예수 그리스도의 이름으로 고친다고 하면, 거부할 것 같아 그냥 기적의 파워를 가졌다고 말한 것이다. 그런데 자기들도 기적을 믿는다는 것이다.

　한국 관광객인 듯한 두 남자와 한 여자가 옆에서 지켜보다가 하나님께서 소아마비를 순식간에 고치신다고 하자 휴대폰으로 촬영할 준비를 했다. 인도 사람들에게 잘 보라고 하고 "기독교의 하나님, 예수 그리스도의 이름으로 명하노니 왼쪽 다리는 나오라!"고 명했다. 3~4초도 되지 않는 순간에 다리가 쭉 나왔다. 평평한 바닥에 서게 하고 어깨를 맞추니 반듯해진 것을 확인할 수 있었다. 두 다리가 맞춰졌으니 반듯하게 걷는 연습을 하면 근육도 돌아와 정상이 된다고 말해 주었다. 이것을 보고 일행 모두가 기도받겠다고 했다. 여자들은 허리 디스크, 한 남자는 오른쪽 골반이 아프다고 해서 기도하고 나았다고 선포하였다. 너무나도 신기해하는 눈빛이었다. 딸인 듯한 20대 아가씨가 전화번호를 알려 달라고 했다. 나는 기독교 목사인데 나를 초청하면 힌두교도들도 말 못하는 사람이 말하고 각종 병이 고쳐진다고 했더니 기꺼이 초청하겠다고 한다. 토마스 목사의 교회가 있는 인도 남부 케랄라 집회를 계획하고 있는데, 직접 힌두교들을 상대한다면 전도의 문이 광대하게 열릴 것이다.

이를 '능력 전도(Power Evangelism)' '길거리 전도(Street Evangelism)'라고 한다. 예수님과 제자들과 빌립, 바울과 그의 동역자들의 전도는 길거리 전도요, 병을 고치고 귀신을 몰아내는 능력 전도였다. 능력 전도는 특별히 다른 종교를 가진 사람들에게 쉽게 접근할 수 있는 전도 방법이다. 모슬렘 국가에서 불편하게 걷는 사람들을 치유하면, 그들의 집과 마을, 심지어 모스크까지 데리고 들어가는 경우도 있다. 이를 위해 예수님께서 열두 제자에게 병을 고치고 귀신을 쫓아내는 권세를 주셨다.

예수께서 그 열두 제자를 부르사 더러운 귀신을 쫓아내며 모든 병과 모든 약한 것을 고치는 권능을 주시니라(마 10:1).

가면서 전파하여 말하되 천국이 가까왔다 하고 병든 자를 고치며 죽은 자를 살리며 문둥이를 깨끗하게 하며 귀신을 쫓아내되 너희가 거저 받았으니 거저 주어라(마 10:7-8).

빌립이 하나님 나라와 및 예수 그리스도의 이름에 관하여 전도함을 저희가 믿고 남녀가 다 세례를 받으니 시몬도 믿고 세례를 받은 후에 전심으로 빌립을 따라 다니며 그 나타나는 표적과 큰 능력을 보고 놀라니라(행 8:12-13).

바울 사도는 하나님 나라에 대해 가르치며 능력을 행함으로 에베소에서 큰 선교의 열매를 얻었다.

이같이 두 해 동안을 하매 아시아에 사는 자는 유대인이나 헬라인이나 다 주의 말씀을 듣더라 하나님이 바울의 손으로 희한한 능을 행하게 하시니 심지어 사람들이 바울의 몸에서 손수건이나 앞치마를 가져다가 병든 사람에게 얹으면 그 병이 떠나고 악귀도 나가더라(행 19:10-12).

한국 교회는 오랫동안 교회 안에서만 신앙생활을 하였다. 참된 복음은 세상으로 나가 천국 복음을 전파하고 병을 고치고 능력으로 그분의 나라를 전하는 것이다. 예수를 믿지 않는 이방인들에게 예수 그리스도가 참 신이심을 전할 수 있는 복음 전도의 귀중한 매체가 이 능력 전도이다.

> 주께서 이같이 우리를 명하시되 내가 너를 이방의 빛을 삼아 너로 땅 끝까지 구원하게 하리라 하셨느니라 하니 이방인들이 듣고 기뻐하여 하나님의 말씀을 찬송하며 영생을 주시기로 작정된 자는 다 믿더라(행 13:47-48).

내가 부러워하는 믿음을 가진 아내도 길거리에서는 사람들을 붙들고 기도하면 저만치 떨어져 있다. 그러나 나는 위신과 체면을 잊고 길거리 전도자가 된다. 하나님의 치유 역사를 의심하는 한국 교회보다는 오히려 믿지 않는 사람들의 마음이 열려 있고 영적 욕구가 더 간절하기 때문이다. 그들은 종교심이 많고 영적 능력을 갈구한다. 그들에게 하나님의 능력을 나타내고 하나님만이 참 신이요, 예수 그리스도가 그들의 메시아이심을 전파하는 일이라면 80이 되고 90이 되어도 세계적인 치유 부흥사였지만 길거리에서 병을 치유하고 전도한 스미스 위글스워스처럼 되고 싶다. 그래서 태국 거리에서 기회를 놓치지 않고 하나님의 능력으로 소아마비를 고치고 예수 그리스도를 전한 것이다. 주저함이나 부끄러움 따위는 없다. 더 큰 능력으로 전신 마비를 치유하는 단계에까지 이르고 싶은 마음이 더 앞서기 때문이다. 그래야만 지적 능력만 소유하고 영적 능력은 무시하는 목회자들도 하나님의 능력을 추구할 것이다. 결국은 거룩이 능력이 됨을 알게 될 것이다. 당대 최고의 율법

학자인 가말리엘에게 배운 바울 사도의 고백이다.

내 말과 내 전도함이 지혜의 권하는 말로 하지 아니하고 다만 성령의 나타남과 능력으로 하여 너희 믿음이 사람의 지혜에 있지 아니하고 다만 하나님의 능력에 있게 하려 하였노라(고전 2:4-5).

길거리 전도의 시초는 "회개하라 천국이 기까왔느니라!"고 외친 예수님이시다. 나는 교회 안에서 설교할 때보다 길거리에서 전도할 때, 더욱 예수님의 참 제자임을 실감한다.

집회에 나타난 치유의 역사

킹덤 빌더즈 집회의 첫 시작은 2006년 5월이다. 미국 선교센터 선교사 사택에 있을 때, 안식년을 맞아 캐나다에서 온 목사님이 내가 밤낮으로 불과 영광 속에서 초자연적인 경험을 하는 것을 보고 사람들을 모으기 시작해서 은혜를 나눈 것이 킹덤 빌더즈 사역이 되었다. 처음 서너 달은 기숙사 학생들과 선교사들 중심으로 15명 정도 모이기 시작했고, 조금씩 소문이 나면서 50여 명 이상이 모였다. 그때는 특별히 치유 사역을 한다는 생각도 하지 않았다. 모임이 끝나면 병이 나았다는 간증이 있었고 차츰 사람들을 데려와서 모이는 사람들이 많아지기 시작하였다. 우리의 모임에는 뜨거운 불과 영광의 무거움이 있었다. 그리고 많은 사람이 질병 치유와 내적 치유를 체험하였다.

어느 때는 기도받으러 나온 사람들 가운데 10여 명이 이런저런 고질병에서 고침받았다. 어떤 중국 선교사는 10년 동안 고생하던 위장병이 치유되었고, 신장 기능이 50퍼센트 이상 손상되어 신장이식 외에는 치료 방법이 없는 30대 남성도 하나님께서 치유해 주셨다. 병색이 완연했던 그는 직장도 다닐 수 없을 정도였다. 처음 기도했을 때는 아무것도 못 느꼈는데 두 번째 배에 대고 기도했을 때, 뱃속으로 뜨거운 불이 들어가는 것을 느꼈다고 했다. 치유를 선포하고 병원에서 검사를 받았는데 신장 기능이 기적적으로 정상화되었다는 결과를 들었다.

그런 일이 집회 때마다 일어나자 9개월 전에 내 몸에 임한 불이 이제 치유의 능력으로 사람들에게 나타남을 알게 되었다. 몸에 불이 임해 한 번씩 특히 왼쪽 팔에 전기가 통하듯 찌릿찌릿하고 위아래로 오르락내리락하는 증상을 외국 사역자에게 물었더니 치유 사역을 위한 것이라고 말해 주었다. 처음 6개월은 그 뜨거운 하나님의 불이 밤낮으로 몸 전체 피부와 근육을 두 벌 태우고, 두 달 반 후에는 핏줄 속으로 들어갔다. 그리고 하나님 영광의 아름다움을 맛보게 되었다. 영광이 임하면서 많은 꿈과 환상 그리고 신령한 경험을 하였다. 불은 능력이요, 전기는 치유이다.

한번은 주님께서 내 양손을 안수해 주셨다. 왼손에 전기가 통하면서 팔로 올라가는 것을 느꼈는데, 동시에 형광등 불빛이 켜졌다 꺼졌다 하는 것이다. 불이 전기로 나타날 때는 치유를 의미하는 것이다. 실제로 아픈 사람의 몸에 손을 대고 기도하면 종종 찌릿하며 전기가 전달되는 것을 느끼기도 했다. 내 속에 들어온 불과 전기가 치유와 기적을 위해 능력으로 전이되는 것이다. 아픈 사람을 위해 기도하면 이처럼 치유가 전기처럼 흘러 들어가는 때도 있고, 기도 받는 사람이 뜨거움을 느끼기도 하고 어느 때는 능력이 나가 쓰러지는 경우도 있다. 치유가 능력으로 나타난 것이다. 소아마비나 중풍, 몸이 마비되거나 뒤틀린 자들이 치유될 때도 있는데 하나님의 능력이 이적과 기사로 나타난 것이다.

병과 오래된 질병(당뇨, 암, 중풍)의 치유, 내적 치유와 축사, 불구(소경, 청각 장애인, 소아마비), 불치병(뇌성마비)과 희귀병 등의 다양한 치유도 믿음과 은사와 능력에 비례해 나타난다. 베드로의 사역에서는 그의 그림자만 덮여도 병이 치유되었고(행 5:15), 하나님이 사도 바울의 손을 통하여 희한한 능력을 행하셨다.

> 심지어 병든 사람을 메고 거리에 나가 침대와 요 위에 뉘이고 베드로가 지날 때에 혹 그 그림자라도 뉘게 덮일까 바라고 예루살렘 근읍 허다한 사람들도 모여 병든 사람과 더러운 귀신에게 피로움 받는 사람을 데리고 와서 다 나음을 얻으니라(행 5:15-16).
> 하나님이 바울의 손으로 희한한 능을 행하게 하시니 심지어 사람들이 바울의 몸에서 손수건이나 앞치마를 가져다가 병든 사람에게 얹으면 그 병이 떠나고 악귀도 나가더라(행 19:11-12).

소아마비는 불구 중 하나이다. 대개 한두 살 때 감염되어 한쪽 다리가 정상으로 자라지 못하고 근육도 약해져서 바로 걷지 못하는 현상이다. 간혹 성인마비도 있는데 성장 과정에서 어떤 질병으로 인해 한쪽 다리가 비정상이 되는 경우이다.

언젠가 아내와 함께 간 백화점에서 지팡이를 짚고 저는 여섯 사람을 치유하게 하셨다. 한 사람 기도하면 또 다른 사람이 지팡이를 짚고 나오는 것이다. 여섯 명 모두 그 자리에서 지팡이 없이 걷게 하셨으며, 마지막 일곱 번째 할머니는 지팡이는 없었지만 왼쪽 다리를 앞으로 내밀고 오른쪽 다리는 끌면서 몸을 뒤로 젖히고 걸었다. 어깨를 부축해서 같이 걸으면서 기도했다.

"예수 그리스도의 이름으로 치유가 일어날지어다!"

"목사님이시지요. 목사님과 같이 걸으니 반듯하게 걸을 수 있네요."

"이제 예수님과 같이 걸으면 바로 걸을 수 있어요."

사람들이 보는 앞에서 언제 그랬느냐는 듯이 바로 걸어가는 것이다. 처음에는 그저 믿음으로 했다. 시간이 지난 후에 주님께서 "위엣 것을 찾으면 모든 것이 초자연적인 것이다!"라는 음성을 들려주셨다. 이처럼 그분의 나라와 의를 구하고 초자연적인 믿음의 세계에 초점을 맞추면, 자연적인 삶 속에 하나님의 초자연적인 역사가 치유와 이적과 기사로 나타난다. 특별히 선교지에서는 치유의 역사가 더 강하게 나타난다. 하나님의 치유와 기적에 대한 갈망과 믿음이 더 간절하기 때문이다.

병을 고치는 주의 능력이 예수와 함께하더라(눅 5:17).

믿는 자들에게는 이런 표적이 따르리니 곧 저희가 내 이름으로 귀신을 쫓아버며 새 방언을 말하며 뱀을 집으며 무슨 독을 마실지라도 해를 받지 아니하며 병든 사람에게 손을 얹은즉 나으리라 (막 16:17-18).

집회에 나타난 영광의 임재

킹덤 빌더즈 토요 집회를 시작한 지 얼마 되지 않아 갑자기 임한 영광의 무거운 임재에 눌려 참석한 70여 명 모두가 1시간 40분 동안 일어나지 못한 일이 있었다. 2006년 12월 7일의 일이다. 집회에 늦은 30대 후반의 집사님이 두 아들과 친구를 데리고 극장식으로 된 집회 장소 뒷문으로 들어와 계단을 타고 앞으로 내려오고 있었다. 그때 나에게 지식의 말씀이 임하여 처음 집회에 참석한 그 집사님에게 "남편을 위해 기도하는 분들이 오셨다고 하십니다. 그리고 그 기도를 들으셨다고 하십니다"라고 선포하였다. 기대감과 긴장감으로 자리에 앉으려던 집사님과 같이 온 친구가 계단에 주저앉아 버리는 것이다. 그 순간 무거운 하나님의 영광이 그 장소에 가득 임하여 참석한 모든 사람이 바닥에 붙은 듯 일어서지 못 하는 일이 일어났다. 그 집사님과 친구들은 교회는 다니지만 믿음은 없는 남편들을 위해 모여서 기도하던 중이었다. 은혜의 소문을 듣고 좀 늦게 도착한 그들에게 남편들을 위해 기도하는 분들이 왔다고 하자 무릎에 힘이 풀리며 무너진 것이다. 그 광경을 보고 있던 사람들에게도 하나님의 영광이 강하게 임해 모든 사람이 몸을 가누지 못하고 바닥에 붙어 버린 것이다.

바닥에 누워 있을 때 남편들에 대한 두 가지 환상을 보여 주셨다. 첫 번째는 집회에 참석한 중년 남자들이 손뼉을 치며 두 손을 높이 들고 기뻐하면서 "주님의 기쁨 내게 임했네"를 찬송하며 거룩한 웃음을 웃는 장면이었다. 두 번째는 남자의 배에 손을 대고 기도하니 '쾅' 하는 소리가 들리며 불방망이로 때리는 장면이었다.

이렇게 예언적 지식의 말씀을 경험하고 동시에 임한 하나님 영광의 무거운 임재에 눌려 일어나지 못하고 두 시간 가까이 누워 있었다. 처음 참석한 한 중년 여성이 멀뚱한 눈으로 생경한 광경을 보면서 기도받기 위해 나왔다. 그런데 내 입에서 "누구를 용서해야 하나요?"라는 말이 나오는 것이다. 이 말을 듣고 그분이 반사적으로 "시어머니요"라고 하는 것이다. "시어머니를 용서하세요"라고 하자, 그 여성도 쓰러졌다. 힘이 빠져 벽에 기대어 한참을 앉아 있었다. 나중에 알게 사실은 이분의 남편은 목사였다. 교회를 몇 번 개척했는데 부흥이 안 되어 지금은 시어머니 집에서 수년째 같이 살고 있는 사모님이었다. 이처럼 문제를 안고 힘들어하며 한계를 느끼고 어떤 돌파를 갈구하며 은혜를 간절히 사모하는 사람들이 모인 곳에 불과 영광의 통로로 준비된 사람이 있으면, 하나님의 영광이 그 자리에 임하는 것이다. 그러나 그 일이 언제 일어날지, 어떻게 나타날지는 사역자도 알 수가 없다. 전적인 하나님의 주권이다.

그럼에도 사역자에게 하나님께서 어떤 일들이 일어날지를 꿈과 환상과 음성으로 부분적으로 알려 주시기도 한다. 그날 그 무거운 영광의 임재가 있기 전에 주님이 주신 꿈에서 "불 받아라!"라고 하섰다. 집회에 남편을 위해 기도하던 사람들이 참석해서 그들의 기도 응답으로 내게 지식의 말씀이 임하였고, 남편들에 대한 환상을 풀어놓음으로 사람들의 마음 문이 순간적으로 열리자 영광이 그 자리에 강하게 임한 것이다.

집회를 간 교회에서도 영광의 묵직한 임재가 임하자 사람들이 설교를 듣다가도 쓰러지고, 서 있는 사람들은 마치 회오리바람에 의해 빙글 돌며 엎어지기도 하며, 아이들은 쓰러져 부들부들 떠는 가운데 환상 중에 부활하신 예수님이 나타나 그들을 어느 나라로 보낸다는 음성을 듣기도 하였다. 이 모든 일은 영광의 무거운 임재로 순식간에 일어난 일이다. 마치 쓰나미가 밀려온 듯, 회오리바람이 불어온 듯하였다. 역대하 5장 14절에 나타난 하나님 영광의 임재의 구름 앞에 제사장과 레위인들이 능히 서 있지 못하였다고 한 영광의 무거움이 임한 것이다.

하나님의 영광을 사모하고 그분의 영광을 찬미하는 백성에게, 하나님 영광의 임재 앞에 서기 위해 자신을 정결하게 하고 거룩하게 하는 하나님의 불을 사모하는 자들에게 영광의 불과 무거운 임재가 오늘날도 나타나고 있다.

하나님께서 그분의 불을 보내시는 것은 우리를 거룩한 성전으로, 점도 없고 흠도 없는 거룩한 그리스도의 신부로 준비하기 위해서이다. 불에 태워지고 살라진 우리를 하나님 영광의 통로인 영광의 문이 되게 해서 물이 바다를 덮는 것같이 여호와의 영광을 아는 지식이 온 세상에 가득하도록 하기 위해서이다. 이를 위해 우리에게 불과 그분의 무거운 영광의 임재에 잠기게 하는 것이다. 세상을 향한 왕 같은 제사장이 되게 하심이다.

제사장이 그 구름으로 인하여 능히 서서 섬기지 못하였으니 이는 여호와의 영광이 하나님의 전에 가득함이었더라(대하 5:14).

은사와 능력의 전이

뚜렷하게 증가하는 하나님의 역사하심은 우리 팀 모두에게 하나님의 은사와 능력이 전해지고 있음을 보여 주었다. 능력 전도를 나가기 전에 뼈 질환과 디스크와 골반, 관절 등의 문제로 인한 통증과 팔다리 균형이 맞지 않은 신체를 치유하는 은사가 임하기를 기도하였다. 그리고 흩어진 전도 현장에서 그 은사를 사용하여 치유하며 능력으로 복음을 전하는 기적을 체험하였다.

성경에는 성령의 은사와 능력이 임하는 두 가지 방법이 나타난다. 하나님으로부터 직접 임하는 방법과 성령의 은사와 능력을 받은 사람을 통해 전달되는 방법이다. 둘째 방법의 예는 엘리야가 불수레를 타고 승천하면서 떨어뜨린 겉옷을 받은 엘리사에게 엘리야의 영감과 능력이 갑절이나 임한 것이다. 바울 사도는 로마서 1장 11절에서 "내가 너희 보기를 심히 원하는 것은 무슨 신령한 은사를 너희에게 나눠 주어 너희를 견고케 하려 함이니"라고 하였다. 은사와 능력을 주시는 분은 하나님이지만, 은사를 먼저 받은 사람을 통해 사모하는 자에게 기도로 전이 되는 것도 성경적이다.

그러므로 내가 나의 안수함으로 네 속에 있는 하나님의 은사를 다시 불일듯 하게 하기 위하여 너로 생각하게 하노너(딤후 1:6).

영적 은사의 전이에 대해 경험하지 못한 사람은 의문을 품겠지만, 성령의 역사를 체험한 사람들은 이 영적 법칙이 오늘도 존재한다는 것을 알고 누린다. 이는 마지막 때에 하나님께서 그분의 임재와 영광을 모든 사람에게 나누어 주기 위한 한 방법이다. 초대교회 때 오순절 마가 다락방에 모인 사람들에게 직접 성령이 임한 것도 사실이요, 성령이 충만한 베드로와 바울을 통해 수많은 사람이 성령을 체험하게 된 것도 사실이다. 설교뿐 아니라 안수 기도를 통해 성령의 은사가 전달된 것이다.

바울이 그들에게 안수하매 성령이 그들에게 임하시므로 방언도 하고 예언도 하너(행 19:6).

은사 전이는 '주다, 나누다'는 의미가 있다. 내게 충만할 때에만 남에게 줄 수 있고, 나누는 것은 자연적이고 물질적인 원칙에도 적용되지만, 영적 원칙에도 적용된다. 댐에 물이 가득 차야 수로로 물을 내보낼 수 있듯이, 우리가 성령에 충만해야 나눌 수 있다. 영적 원리는 주는 자가 부족해지는 것이 아니라, 더 풍족해지는 것이다. 기도받을 때, 성령의 능력과 기름 부음이 임하는 것을 느끼는 것은 사모하는 사람이면 다 경험하는 것이다. 그보다 더 기름 부음의 임재를 강하게 느끼는 것은 남을 위해 기도할 때이다. 그것은 하나님이 사역자를 통로로 삼으시기 때문이다. 이것은 성령과 은 사와 능력으로 충만함을 경험한 사람이 사역할 때, 느끼는 또 하나 의 기쁨인 동시에 성령의 능력으로 더 강하게 되는 비결이다.

권능의 겉옷

전 세계적으로 전례 없는 치유와 기적과 성령의 능력 시대에 접 어들고 있다. 하나님께서 우리 모두가 기적과 큰 영광의 영역 안으 로 들어오기를 초청하신다. 사모하고 그 초청에 응하는 자마다 이 적과 기사들이 쉬워지는 새 시즌 안으로 들어올 수 있다. 지금은 병든 자를 위해 기도할 때이다. 하나님을 사모하는 사람들에게 무 거운 영광이 임하고 있으며, 거대한 치유의 은총이 쏟아져 부어지 고 있다. 갈망하고 사모함이 하나님께서 풀어 주시는 거대한 은총 을 받는 '열쇠'이다. 우리는 반드시 눈을 돌려 주님을 바라보아야 한다. 우리는 그분의 영광이 나타날 때까지 예배해야 한다. 그 후 에는 성령께서 다 하신다. 사람들이 집회 장소에 들어오자마자, 의 자에 앉아 예배드릴 때 치유되는 일들이 아주 빈번히 나타나고 있 다. 하나님 영광의 영역 안에서 성령의 역사에 의해 질병이 드러나 고 치유가 나타나는 것이다. 지금 그리스도의 몸 위에 권능의 겉옷 들이 풀어지기 위해 대기 중이며, 하나님께서 권능의 겉옷을 입힐 사람을 찾고 계신다. 어떤 겉옷들은 이전에 본 것들이고, 어떤 것 들은 이전에 행해지지 않은 일을 행하도록 사람들에게 능력을 주 는 겉옷들이다.

이는 영광과 창조적 기적들의 겉옷이다. 이 겉옷은 하늘의 공기 같은 창조적 기적들을 풀어놓는다. 하나님께서 이 겉옷을 한두 사람뿐만 아니라 전체 교회에 풀어놓으실 것이다. 이 치유의 기적들은 교회에서뿐만 아니라, 시장과 거리, 학교와 병원과 백화점에서도 일어날 것이다. 영광을 운반하는 하나님의 백성이 가는 곳마다 그런 일들이 있을 것이다. 그러나 하나님 나라의 권능의 겉옷은 완전한 굴복과 자아의 죽음, 주님과 깊은 교제 안에서 거룩한 삶을 살기를 원하며, 실제로 그렇게 하는 자들에게 임한다.

6장

영분별

영들 분별함의 은사

이 은사는 말과 행동과 능력의 배후에서 역사하는 영을 분별할 수 있는 능력으로 하나님으로부터 주권적으로 주어지는 초자연적인 감지 능력이다. 하나님으로부터 온 영과 그렇지 않은 영을 분별하는 은사이다. 또한 영적 세계를 초자연적으로 분별함으로 마귀와 그 일당들의 계략을 깨닫고 알게 되는 능력이다. 이 은사를 통해 성도들과 교회 안에서 역사하는 악한 영들의 정체를 밝혀낼 수 있다. 또 참 선지자와 거짓 선지자를 분별할 수 있다. 바울은 바보섬에서 '바예수'라는 거짓 선지자가 복음 전하는 것을 훼방하자 그를 얼마 동안 소경으로 만들었다(행 13:1-12). 영들 분별함의 은사는 병자의 질병 원인이 무엇인지 알고자 할 때도 유용하게 사용된다. 예수님은 거라사인의 지방에서 무덤 사이에서 나온 사람 속에 있는 군대 귀신을 분별하시고 쫓아내셨다(막 5:20).

분별은 헬라어의 'Diakrisis'로 번역하면 '감각 기관'이다. '자세

한 정보를 토대로 조심스럽게 판단함, 조심스럽게 평가함, 분별의 결과를 강조하며 방법을 강조하지 않음'을 의미한다. 히브리어로는 'Shema'이고 듣는 감각을 의미한다. 또 '보기 위해 돌아옴'의 뜻도 있다. 다음은 영분별 은사에 대한 성경 구절이다.

어떤 이에게는 영들 분별함을(고전 12:10).

단단한 식물은 장성한 자의 것이니 저희는 지각을 사용하므로 연단을 받아 선악을 분별하는 자들이니라(히 5:14).

내가 기도하노라 너희 사랑을 지식과 모든 총명으로 점점 더 풍성하게 하사(빌 1:9).

누가 주의 이 많은 백성을 재판할 수 있사오리이까 지혜로운 마음을 주의 종에게 주사 주의 백성을 재판하여 선악을 분별하게 하옵소서(왕상 3:9).

그때에 너희가 돌아와서 의인과 악인이며 하나님을 섬기는 자와 섬기지 아니하는 자를 분별하리라(말 3:18).

영분별 은사에 대한 실례는 첫째, 지식의 말씀, 지혜의 말씀, 예언의 말씀, 환상과 꿈의 은사는 대체로 마음을 통해 나타나지만, 영분별은 보고 듣고 냄새 맡고 맛보고 느끼는 다섯 감각 기관을 통해 이루어진다. 말씀을 영적으로 바르게 감지하는 것을 비롯하여 성령을 통해 주어지는 계시와 각자의 은사를 분별할 뿐 아니라, 영이 하나님께 속했는지 악령에 속했는지를 식별한다. 은사를 분별함은 하나님께서 그리스도의 몸인 성도에게 주신 특별한 능력이다. 성도는 이 능력으로 어떤 행위가 하나님으로부터 온 것인지, 사람으로부터 온 것인지, 아니면 사탄으로부터 온 것인지를 알 수 있다. 성도의 영적 은사는 교회를 성장시키는 데 이바지한다.

마지막 때 부흥을 이끌어 갈 은사

영분별은 사랑의 은사와 함께 부흥을 이끌어 가는 두 기둥이다. 역사적으로 모든 부흥 운동은 시작기, 성장기, 쇠퇴기를 거쳐 15~20년 주기로 사라져 갔다. 가장 큰 원인은 부흥을 이끌어 가는 지도자에게 필요한 '영분별과 사랑의 은사'가 부족했기 때문이다. 이제부터 시작되는 마지막 부흥은 주님이 오실 때까지 쇠하지 않을 부흥이 될 것이다. 물이 바다를 덮음 같이 여호와의 영광을 인정하는 것이 세상에 가득할 것이다(합 2:14). 이 말은 이 부흥을 이끌어 갈 지도자에게 무엇보다도 영분별과 사랑의 은사가 준비되어야 함을 말한다. 영들 분별함은 성령의 아홉 가지 은사 중 하나이다(고전 12:10). 이 은사는 부흥을 이끌어 가는 지도자들에게만 있어야 할 은사가 아니다. 사도 요한은 모든 그리스도인에게 영들이 하나님께 속하였는지를 시험할 것을 말하였다(요일 4:1). 지금은 추수 때로서 택하신 자들까지 미혹되고 배도하는 때이다. 알곡으로 영글어졌으나 추수 전에 불어 닥친 비바람에 떨어지고, 타작마당에서 키질할 때 쭉정이는 날아갈 수 있다. 대적 마귀가 우는 사자 같이 두루 다니며 삼킬 자를 찾고 있기에 믿음을 굳게 하여 저희를 대적하라(벧전 5:8-9)고 하였고, 예수님이 베드로에게 말씀하신 것처럼, 사탄이 밀 까부르듯 하여 그의 믿음을 떨어뜨리려 한다고 하셨다(눅 22:31-32).

그러므로 영분별의 은사는 지도자에게만 필요한 은사가 아니다. "믿음의 결국은 곧 영혼의 구원을 받음이라"(벧전 1:9)고 하였다. 영혼 구원을 위해 모두에게 필요한 은사이다. 바울 사도는 고린도 교인들이 이전에 신령한 것을 알지 못하여 말 못하는 우상에게 끌려갔다고 하였다(고전 12:1-2). 영분별은 일반적인 분별이 아니다. 분별은 사람의 마음이나 생각을 읽는 감이나, 상대방의 심리 상태를 꿰뚫어 보는 심리학적 통찰력이 아니다. 타인의 결점을 드러내고, 그들의 행동이 잘못되었다고 비판하는 것이 아니다. 성경은 오히려 이런 것을 금하고 있다. 마태복음 7장 1절에 "비판을 받지 아니하려거든 비판하지 말라"고 하였다. 영분별은 그 사람이 좋다 나쁘다 분별하는 것이 아니다. 영분별은 영들에 대한 분별이다. 영적 영역에 존재하는 영들을 다루는 것이다. 즉 사람이나 단체나 나라의 배후에 역사하는 영적 영역에 존재하는 영들을 다루는 것이다. 즉 그 영들이 하나님께 속했는지, 사탄에게 속했는지, 사람에게 속했는지를 분별하는 것이다.

사랑하는 자들아 영을 다 믿지 말고 오직 영들이 하나님께 속하였나 시험하라 많은 거짓 선지자가 세상에 나왔음이니라(요일 4:1).

주님 재림 전, 세상 끝 날까지 쇠하지 않을 부흥을 이끌어 갈 지도자에게, 믿는 그리스도인이 믿음을 지키기 위해 필요한 것이 영분별의 은사이다. WCC, WEA, 가톨릭과의 신앙과 직제 일치 등 한국 교회의 기존 교단들이 바티칸과 적그리스도적 세계주의자들이 획책하는 종교 통합의 물결에 휩쓸려 가고 있다. 은사주의 지도자들과 그들의 단체까지 2016년 아주사 110주년 기도회와 2017년 종교개혁 500주년을 기점으로 가톨릭으로 돌아가는 홈커밍을 선언하였다. 미혹의 정체가 드러나고 있다. 이는 전 세계적으로 역사하는 사탄의 불법적인 역사이고, 택하신 자들까지 믿음에서 파선시키려고 미혹하는 영의 역사이다.

그러나 성령이 밝히 말씀하시기를 후일에 어떤 사람들이 믿음에서 떠나 미혹케 하는 영과 귀신의 가르침을 좇으리라 하셨으니(딤전 4:1).

지금은 신천지나 통일교, 하나님의 교회 등 뚜렷하게 드러난 이단들만 분별할 것이 아니라, 자기가 속한 곳이 WCC, WEA, 가톨릭과의 연합한 교단이나, 교황과 연합하는 은사주의 그룹에 속하지 않았는지 분별해야 한다. 전 세계적으로 개신 교단들과 선교단체들이 모든 종교를 통합하여 단일 종교를 이루는 적그리스도 체제 안으로 들어가고 있기 때문이다. 우리의 신앙생활에서 가장 중요한 것은 자신의 영혼 구원이다. 천하를 얻고도 자기 영혼이 구원받지 못한다면, 이보다 불행한 것은 없다. 지도자가 미혹되고 배도한 사실을 알지 못하고 따르든지, 알고도 관계를 끊지 못해 그대로 머물러 있으면 함께 멸망할 수밖에 없다. 세상 끝 날의 징조를 묻는 제자들에게 주님은 재난의 시작은 사람의 미혹으로부터 올 것을 말씀하셨다.

가로되 이르소서 어느 때에 이런 일이 있겠사오며 또 주의 임하심과 세상 끝에는 무슨 징조가 있사오리이까 예수께서 가라사대 너희가 사람의 미혹을 받지 않도록 주의하라(마 24:3-4).

대부분 미혹된 줄 모르기에 미혹된다. 혹 미혹된 것을 알았더라도 벗어날 힘이 없으면, 이미 미혹의 덫에 걸려 있고, 악한 영의 우리에 갇혀 있는 것이다. 반드시 누군가가 풀어 주어야 하고 끌어내야 한다. 지금은 특별히 영적인 지도자들, 자칭 선지자들을 조심해야 할 때이다. 대다수의 신자가 영적 경험이나 영분별이 높지 않아서 그들의 좋은 점만 보고 따르고, 지도자들도 미혹된 세밀한 부분을 알아채기가 쉽지 않다. 그들의 영이 섞여 있음을 말해 주어도 이미 그들의 영향력에 깊이 잠식되어서 단절하기가 어렵다.

오래전 한국에 와서 전쟁을 예언한 데이비드 오워가 "하나님이 보내신 메신저인 자신을 통하지 않으면, 자기를 보내신 자에게로 갈 수 없다"고 이단적인 발언을 했는데도 아직도 그 그룹에 속해 있고, 그를 추종하는 것과 같다. 신디 제이콥스, 하이디 베이커, 빌 존슨, 루 앵글, 체 안, 마이클 비클, 존 & 캐롤 아놋, 타드 화이트 같이 교황과 교류하고 가톨릭과 연합하는 미혹된 자들을 따르는 자들이 그러하다. 계속 이들을 따르고 돌이키지 않으면, 주님께서 그들을 향해 "내가 너희를 도무지 알지 못하노라"고 하시고, 같이 버림받을 수 있다. 영분별의 은사는 미혹의 영, 사탄의 역사를 분별하고, 하나님 영의 역사를 따라 인도받는 것을 포함하는 마지막 때에 가장 필요한 은사 중 하나이다.

사랑하는 자들아 영을 다 믿지 말고 오직 영들이 하나님께 속하였나 시험하라 많은 거짓 선지자가 세상에 나왔음이니라(요일 4:1).

무릇 하나님의 영으로 인도함을 받는 그들은 곧 하나님의 아들이라(롬 8:14).

영분별에 대해 주님이 주신 꿈이다. 어느 모임에 갔는데, 내가 입은 두 겉옷 뒤에 아스팔트 재료인 콜타르가 묻어 뜯어내려다 상표가 붙은 곳이 찢어지고, 다른 옷에 묻은 것도 떼어지지 않았다. 결국 손에도 묻고 옷도 못 입게 되었다. "옷을 갈아입고 손을 씻어야겠다" 하며 잠에서 깼다.

주님께서 음녀 바빌론과 어울리는 것은 '혼잡, 섞인 기름 부음'의 뜻을 넘어서서 새까만 콜타르임을 보여 주신 것이다. 하나님이 주시는 환상은 비몽사몽간에 오고, 꿈은 깊은 잠 중에 온다. 영분별은 하나님께서 보여 주시는 것을 보고, 말씀하시는 것을 듣는 것이다.

메네 메네 데겔 우바르신

2016년 4월 8일 아주사 100주년 기도회에서 가톨릭과 언약을 맺고 배도의 퍼포먼스를 주최한 '더 콜'의 루 앵글 목사와 파사데나 하베스트 락 교회의 체 안 목사는 친구요, 동역자다. 20여 년 전에 같이 교회를 시작했다가 루 앵글 목사는 청년 기도 운동으로 수십만 명을 동원하는 기도회를 이끌며 낙태 반대 등에 앞장서 왔다. 하베스트 락 교회가 부흥하면서 토론토 부흥의 결과로 결성된 Revival Alliance 주관으로 매년 세 차례 집회를 한다. 2008년 8월 이전까지 같은 파사데나에 있었고 은혜를 사모하는 한국 사람들과 함께 수년 동안 집회에 참석했었다. 그때까지만 해도 여러 강사를 통해 은혜를 많이 받았다. LA로 나온 후에는 30분 정도밖에 안 떨어졌는데도 하나님께서 그 집회에 가는 것을 허락하지 않으셨다. 이후로 발길을 끊은 지도 10년 가까이 되었다.

하루는 교회에 있는데 나지막이 "너는 아이합(IHOP)을 스킵한다"는 음성이 들려왔다. 그 당시 많이 알려지고 은혜를 사모하는 사람들은 대부분 방문하는 캔자스시티에 있는 마이클 비클의 '국제 기도의 집(International House of Prayer)'을 "너는 넘어간다"는 말씀이었다. 킹덤 빌더즈 집회에 참석한 여러 사람이 말했다. "목사님 아이합에 가보셨어요? 너무 좋아요." 이런 말을 듣고 아이합에 대한 미련이 있었는데, 음성을 들은 후에는 마음이 없어진 지 오래다. 가고 싶은 마음보다 하나님의 음성에 순종하는 것이 더 좋기 때문이다.

60~70년대 한국의 기도 운동을 잘 알고 있으니 너는 안 가도 된다는 말씀인 줄 알았다. 그런 아이합이 가까운 오렌지카운티에서 컨퍼런스를 했다. 캔자스시티까지는 못 가도 여기는 참석할 수 있을 것 같았다. 인터넷에서 등록하려 했는데 1달러가 모자라는 것이다. 하베스트 락 교회까지 하면 세 번이나 1달러가 모자라는 일이 일어났다. 큰돈도 아니라서 마음만 먹으면 갈 수 있지만, 같은 일을 세 번이나 겪은 것은 이미 하나님의 저울에는 그들이 수년 전부터 모자란 것이었다. 벨사살왕을 하나님이 저울에 달아보니 모자랐던 "메네 메네 데겔 우바르신"(단 5:25-27)이었다. 결국 2016년 4월 9일 기도회 이후에 은사주의 지도자 50여 명이 교황을 만나고 그들과 연합하는 결과로 나타났다.

웨이드 테일러 목사나 데이비드 윌커슨 같은 영적 지도자들이 경고한 대로 기름 부음을 받아 치유 사역이나 예언 운동의 범주에 머물러 있던 자들까지도 잘못되어 가고 있는 현실을 눈앞에서 보았다. 그래서 은사 차원을 넘어서서 더 불에 태워지고 정결하게 되며 영광의 영역에 들어가야 한다. 다가온 영광의 부흥을 이끌기 위해 필요한 두 기둥인 사랑과 영분별의 은사 단계로 올라가야 한다. 성령의 진리로, 기름 부으심으로 인도받으면, 아무에게도 가르침 받을 필요가 없다. 기름 부음이 가르친다. 성령이 진리로 인도하신다.

그러나 진리의 성령이 오시면 그가 너희를 모든 진리 가운데로 인도하시리니 그가 스스로 말하지 않고 오직 들은 것을 말하며 장래 일을 너희에게 알리시리라(요 16:13).

너희는 주께 받은 바 기름 부음이 너희 안에 거하나니 아무도 너희를 가르칠 바가 없고 오직 그의 기름부음이 모든 것을 너희에게 가르치며 또 참되고 거짓이 없으니 너희를 가르치신 그대로 주 안에 거하라(요일 2:27).

미혹과 영분별

영분별은 하나님께 속한 것과 속하지 않는 것을 분별하는 것이다. 마지막 때는 자신의 지도자가 하나님께 속했는지를 분별해야 한다. 주님께서 마지막 때의 징조를 묻는 제자들에게 "너희가 사람의 미혹을 받지 않도록 주의하라"(마 24:4)고 말씀하셨다. 그 사람의 사역이 크고 과거의 업적이 훌륭하고 유명해서 많은 사람이 따를지라도 현재 주님과 어떤 관계에 있는지 분별할 수 있어야 한다. "어떤 이에게는 영들 분별함"(고전 2:10)의 은사를 주신다고 하였다. 무엇보다도 중요한 것은 말씀의 진리를 분별하는 것이다.

2011년 다민족 기도회를 준비할 때, 한 미국 지도자가 한국에서 집회하면서 물의를 일으킨 흑인 목사를 자기 교회 강사로 초청하려고 하는데 어떤지 하나님께 물어보고 답을 달라고 하였다. 주일 예배를 마치고 두 딸을 포함해 자매들을 사무실로 오라고 했다. 어떤 설명도 하지 않고 이름을 주며 기도해 보라고 하였다. 그리고 한 자매가 응답받았다. "I saw a big net but there is no fish in it—큰 그물을 봤지만, 그 안에 물고기가 한 마리도 없다"는 것이다. 더이상 물어볼 필요가 없었다. 과거에는 그물(사역)이 컸으나 지금은 물고기(사람)를 한 마리도 잡지 못했다는 것은 타락했다는 것이다.

예전에는 쓰임받고 유명했어도 그 사람의 현재 상황이 진리에서 떠나고 타락한 채로 사역을 하고 있는데도 따른다면 그것이 거짓과 미혹으로 인도되는 길이다. 그래도 사람들이 모이니 상관없다고 초청하는 사람이나 은혜받으려고 따르는 사람들이 있으니 이것이 미혹이다. 이처럼 주님이 한 장면을 보여 주시며 단번에 분별하게 되는 영분별의 은사는 오늘날과 같이 진리와 비진리, 참 지도자와 거짓 지도자를 분별하기 힘든 시대에 매우 중요한 은사이다.

영분별의 은사는 구할 때 주시기도 하지만, 주님과 바른 관계, 친밀한 관계에 있는 지도자들에게 주어진다. 이는 다가온 부흥을 이끌어갈 사도적이요, 선지자적인 은사이다.

존경하는 목사, 섬기는 교회, 사랑으로 교제하던 교우들과의 친분보다 더 중요한 것이 믿음의 결국인 자신의 영혼 구원이다. 천하를 얻고도 자기 영혼이 구원받지 못하면, 이보다 나쁜 결과는 없다.

지도자가 미혹되었음을 알지 못하고 따르든지, 알고도 관계를 끊지 못해 그대로 머물든지에 상관없이 지도자가 가는 멸망의 길을 따라가면 함께 멸망한다. 버스 운전사가 버스를 절벽으로 몰아가면, 타고 있는 승객들은 아무 잘못도 없고 착하고 신실해도 함께 죽는 것과 같다. 세상 끝 날의 징조를 묻는 제자들에게 주님은 재난의 시작은 사람의 미혹으로부터 올 것을 말씀하셨다.

가로되 이르소서 어느 때에 이런 일이 있겠사오며 또 주의 임하심과 세상 끝에는 무슨 징조가 있사오리이까 예수께서 가라사대 너희가 사람의 미혹을 받지 않도록 주의하라(마 24:3-4).

영분별의 은사는 미혹의 영, 사탄의 역사를 분별할 뿐만 아니라, 하나님 영의 역사를 인도받는 것을 포함한다. 마지막 때에 가장 필요한 은사 중 하나이다.

영분별(1) : 명예의 미혹

사탄은 자신의 정체를 감추고 천사로 가장하여 접근한다. 거짓 선지자나 거짓 사도들도 참 선지자와 참 사도로 가장한다.

저런 사람들은 거짓 사도요 궤휼의 역군이니 자기를 그리스도의 사도로 가장하는 자들이니라 이것이 이상한 일이 아니라 사탄도 자기를 광명의 천사로 가장하나니 그러므로 사탄의 일군들도 자기를 의의 일군으로 가장하는 것이 또한 큰 일이 아니라 저희의 결국은 그 행위대로 되리라(고후 11:13-15).

아버지 하나님, 아들 그리스도, 성령 곧 삼위일체 하나님이 계시듯이 사탄의 삼위일체가 있다. 사탄, 짐승(적그리스도), 거짓 선지자이다.

또 내가 보매 개구리 같은 세 더러운 영이 용(사탄)의 입과 짐승(적그리스도)의 입과 거짓 선지자의 입에서 나오니 저희는 귀신의 영이라 이적을 행하여 온 천하 임금들에게 가서 하나님 곧 전능하신 이의 큰 날에 전쟁을 위하여 그들을 모으더라(계 16:13-14).

여기에서 거짓 선지자는 앞으로 적그리스도(짐승)를 세울 교황권을 말한다. 이를 위해 전 세계 정치, 경제, 종교를 통합하는 일에 앞장서고 있다.

시애틀에 사는 40대 중반의 성공한 한국인 사업가가 허리 디스크가 낫지 않아 기도받으러 왔다. 기도해 주었더니 깨끗이 치유되었고, 감사의 의미로 자기 집으로 초대했다. 시애틀에서도 세계적인 부자들이 사는 벨 뷰 지역은 호화 주택들이 즐비한 곳이다. 그는 자기 집 앞으로 세계적 갑부 빌 게이츠 부부가 아침에 종종 산책한다고 말했다. 한국에서 투자 사업을 하던 30대 초반에는 한 해에 100억을 벌었고, 원하기만 하면 유명한 연예인과도 결혼할 수 있는 재력과 능력이 있다고 하였다. 그 당시에 한국과 미국에서 17대의 차를 소유했다고 하니 과히 그 부를 상상하기 힘들 정도였다. 수리한 차를 가지고 왔는데, 30만 불이 넘는 람보르기니였다. 그 방면의 전공자도 아닌데 큰 성공을 이룬 것은 어머니의 기도 덕분이라고 하였다. 그래서 지금도 기도가 아니면 하루 만에도 망할 수 있다는 것을 안다고 하였다.

나에게 전화로 두 번 질문을 했는데 명예와 사업의 성공에 대한 미혹이었다. 첫 번째 질문은 유명한 랍비가 교황과 만남을 주선해 주겠다며 같이 바티칸에 가자고 하는데 어떻게 해야 하느냐고 물었다. 그래서 가지 말라고 했다. 그것이 선악과의 유혹이요, 명예의 미혹이라고 말해 주었다. 두 번째 질문은 자신의 투자 사업을 위해 워싱턴 DC의 정·재계 고위층들과 만남을 주선해 주겠다는 제의가 왔는데, 그들은 일루미나티와 프리메이슨 계통 사람들로 그들 단체에 가입을 권유할 것 같다는 것이다. 그래서 아무리 발판이 넓어지고 사업에 큰 이익이 되도 그것은 멸망에 이르는 길이라고 조언해 주었다. 믿음과 분별이 없는 대부분의 사람은 자신의 부와 명예와 권력에 유익이 되면 더 큰 성공을 위해 그런 제의를 받아들이는 것이다.

주님은 마태복음 16장 26절에서 말씀하셨다. "사람이 만일 온 천하를 얻고도 제 목숨을 잃으면 무엇이 유익하리요 사람이 무엇을 주고 제 목숨을 바꾸겠느냐." 여기서 목숨은 육신의 목숨만 아니라 영혼 구원을 말한다. 오늘날 성공과 명예와 권력을 위해 자신의 영혼을 마귀에게 파는 자들이 많다. 명예와 권력의 미혹은 성공한 지도자들을 멸망으로 이끄는 초청장이다. 선악과를 따먹은 인간은 정녕 죽게 되었고, "한번 죽는 것은 사람에게 정하신 것이요 정한 이치요 그 후에는 심판이 있으리니"(히 9:27)라는 말씀을 명심해야 한다.

> 마귀가 또 그를 데리고 지극히 높은 산으로 가서 천하만국과 그 영광을 보여 가로되 만일 내게 엎드려 경배하면 이 모든 것을 네게 주리라 이에 예수께서 말씀하시되 사탄아 물러가라 기록되었으되 주 너의 하나님께 경배하고 다만 그를 섬기라 하였느니라(마 4:8-10).

영분별(2) : 물질의 미혹

하리운 선교회 페이스북 멤버 가운데 필리핀에서 교도소 사역을 하는 윤 선교사님에게 들은 이야기이다.

세계 기도 타워 사역을 할 때 대표인 메시아닉 목사님에게 프리메이슨 단체 사람들이 찾아와 백지 수표를 내밀며 자기들은 이미 서명했으니 원하는 금액을 써서 사역을 위해 쓰라고 하였다. 그때 그 목사님은 전 세계 여러 나라에서 기도 센터와 기도 타워 사역과 함께 알리야 사역을 하고 있었기 때문에 많은 선교비가 필요하였다. 알리야 사역에 자원한 조종사도 있었고, 이스라엘로 돌아오려는 유대인들을 위한 비행기를 위해 기도하던 때였다. 이 문제를 당시 비서 역할을 하던 윤 선교사님과 상의하였다. 윤 선교사님은 절대 그 돈을 받으면 안 된다고 단호하게 말했다. 하나님의 일을 위해 아무리 물질이 필요해도 하나님의 역사를 대적하는 적그리스도 단체의 돈을 받으면 안 되는 것이다.

아담은 먹는 것에 미혹되어 에덴동산에서 쫓겨났다. 사탄은 40일 금식 후 굶주린 예수님을 돌로 떡을 만들어 먹으라고 시험하였다. 에서는 팥죽 한 그릇에 장자 권리를 잃었고, 아간은 여리고성 전투에서 물질의 미혹에 넘어가 하나님께서 모든 사람을 진멸하고 아무것도 취하지 말라고 한 명령을 어기고 외투 한 벌과 은과 금을 숨겼다가 이스라엘은 아이성 전투에 실패하고 온 가족은 진멸되었다. 태초에 있었고 마지막 계시록 시대에도 있을 가장 원초적인 시험이 물질 시험이다. 마지막 7년 대환난 후반기에 일어날 일을 기록한 요한계시록 13장 16-18절에는 "저가 모든 자 곧 작은 자나 큰 자나 부자나 빈궁한 자나 자유한 자나 종들로 그 오른손에나 이마에 표를 받게 하고 누구든지 이 표를 가진 자 외에는 매매를 못하게 하니 이 표는 곧 짐승의 이름이나 그 이름의 수라 지혜가 여기 있으니 총명 있는 자는 그 짐승의 수를 세어 보라 그 수는 사람의 수니 육백육십육이니라"고 하였다. 이 일이 먼 훗날의 일이 아니라 우리가 당면한 문제라는 것을 코로나 팬데믹으로 경제 활동 제한과 이동에 대한 온갖 규제를 받는 일을 통해 실감하게 되었다. 전 세계적으로 마스크를 쓰지 않으면 마켓과 식당을 비롯해 어느 곳에도 들어갈 수 없게 되었다. 이스라엘에서는 백신 맞은 사람만 백화점이나 마켓에 갈 수 있다. 앞으로 백신을 맞지 않으면 정말 음식을 사지 못하는 일이 벌어질 수도 있을 것 같다. 이제 백신 여권이 도입되면 거주 이동이나 여행에도 제한을 받을 것이다. 그야말로 전체주의 통제 사회를 향해 나아가고 있다.

생존 시험은 우리 모두에게 현실로 다가왔다. 주관적·신앙적 이유로 백신을 맞지 않으면 의료계, 교육계, 공공기관에서 근무하지 못할 것이다. 그리고 정부 보조금을 주지 않겠다고 하면, 이 혜택을 받는 사람들에게는 생존의 문제가 되는 것이다.

우리는 지금 계시록 13장에 나오는 짐승(적그리스도)에게 경배하지 않으면 죽임을 당하고 짐승의 표를 받지 않으면 매매할 수 없는 대환난 기간 중 후 3년 반에 일어날 일들의 전조를 보고 있다. 1980년 3월, 미국 조지아주 앨버트 카운티에 세워진 가이드 스톤에 악한 세력들이 앞으로 이룰 십계명이라고 새겨놓은 첫 번째가

"자연의 균형이 계속되기 위해 인구를 5억 이하로 유지하라"이다. 이 말은 70억 이상을 죽이겠다는 것이다. 전 세계 질서를 개편하려는 The Great Reset 계획에 따라 코로나19 팬데믹과 백신 주입 등이 그들의 Agenda ID 2030 계획의 일환인 걸 안다면 정말 주님이 오실 때가 가까웠음을 알고 준비해야 한다.

계시록 시대에 짐승과 우상에게 경배하지 않고 이름의 표를 받지 않고(계 14:11), 비진리와 물질 시험에 타협하지 않고 하나님의 계명과 예수 믿음을 지키는 자(계 14:12)가 되려면, 성령의 음성을 듣고(계 2:7) 계명을 지키는 자들(계 1:3), 곧 이기는 자(계 2:7)가 되어야 한다. 지금은 자신과 가족의 영혼 구원을 위해 힘써야 할 때이다. 이 예언의 말씀을 지키는 자가 복이 있다(계 1:3)고 한 그 복은 영혼 구원의 복이다. 지키지 않으면 복이 없다는 말은 구원이 없다는 말이다. 천국은 교회 다니는 사람이 가는 곳이 아니라, 주님을 사랑하고 계명을 지키는 자가 간다. 지금은 주님을 사랑할 때이다.

너희가 나를 사랑하면 나의 계명을 지키리라(요 14:15).

나의 계명을 가지고 지키는 자라야 나를 사랑하는 자니(요 14:21).

영분별(3) : 이성의 미혹

목회자가 되면 조심해야 할 세 가지가 있다. 돈, 여자, 명예이다. 요즈음은 여자뿐만 아니라 남자도 조심해야 한다. 그래서 이성의 미혹에 대해 생각해 보려고 한다. 육신의 정욕에 이끌려 범죄하는 경우도 있지만, 성적인 미혹에 넘어가는 것도 결과로 나타나기에 미혹이라고 한다. 미혹은 "무엇에 홀려서 정신을 차리지 못하는 것, 정신이 헷갈려서 갈팡질팡하는 것"이라는 뜻으로 미혹의 영은 속이는 계략을 사용하는 악한 영을 말한다. 그래서 성경은 유혹의 영이라 하지 않고 미혹의 영이라고 한다.

> 우리는 하나님께 속하였으니 하나님을 아는 자는 우리의 말을 듣고 하나님께 속하지 아니하는 자는 우리의 말을 듣지 아니하나니 진리의 영과 미혹의 영을 이로서 아느니라(요일 4:6).

부산에서 개척하여 700명 정도의 중형 교회를 이룬 어느 목사 이야기이다. 기독교 비율이 7퍼센트밖에 되지 않는 강성 불교 지역에서 오직 목회에만 전념하여 부흥한 것이었다. 어느 날 재일교포 중년 여성이 교회에 나오기 시작하였다. 모자까지 쓸 정도로 아주 세련되고 멋진 여자였다. 그런데 얼마 후 아무 말도 없이 가정과 교회를 버려두고 목사가 그 여자와 함께 사라졌다는 것이다. 하루아침에 청천벽력을 맞은 가정과 교회는 큰 혼란에 빠졌다. 동료 목회자들이 수소문해서 그 목사를 찾았다. "어떻게 이룬 교회인데 버리고 갈 수 있느냐 돌아오라"고 권면했다. 그런데 그 목사는 결혼생활을 하면서도 몰랐던 기쁨을 이 여자에게서 발견했고 가정과 교회로 돌아가지 않겠다고 하였다. 한마디로 이성의 미혹에 넘어가 육체의 정욕에 자신과 가정과 교회를 팔아넘긴 것이다.

한국에서 아주 유명했던 부흥사가 죽기 전에 아들에게 교회를 물려주었다. 그 아들 목사에게 꽃뱀이 붙어 교회에서 수습하느라 30억을 주었다는 공공연한 이야기도 있다.

수년 전에 60대 여자 목사님 교회에서 집회할 때 들은 이야기이다. 집회 강사로 온 목사가 참석한 여자 목사에게 결혼하자고 했고, 여 목사는 이 말을 친구 목사에게 했다. 친구 목사는 자기에게도 그 말을 했다면서 집회 중에 싸움이 일어나서 관련된 이들을 쫓아 보냈다는 것이다. 나는 "부흥회를 하면서 왜 그런 일이 있느냐?"고 물었다. 은혜가 있다는 부흥사들이 집회를 다니면서 불미스러운 일을 만드는 경우가 많다고 했다. 그리고 60~80년대 1세대 부흥사들이 음란의 씨앗을 전국에 뿌렸고 그 열매로 그렇다는 것이다.

어느 미국 목사님의 간증이다. 의과대학에 다니던 그에게 주님이 지옥을 보여 주셨는데, 다섯 명의 목사가 각각의 불구덩이에서 고통을 당하고 있어서 물었더니 한 목사는 교회 돈을 떼먹어서, 또 한 목사는 평생 간음하면서 목회를 했다는 것이다. 목회자가 된 그는 불지옥에 가기 싫어 항상 조심한다고 하였다.

나도 가끔 별별 이야기를 다 듣는다. 그야말로 이성의 미혹이 판을 치는 말세가 된 것이다. 이 시대는 미혹의 영에 대한 분별이 필요하다. 특히 미혹을 조심해야 한다. 영적 음란은 창기요, 음녀인 바빌론 가톨릭과의 연합 배도라면, 육적 음란은 결혼 외 이성과의 관계의 미혹이다. 우리는 영적 순결과 육적 순결을 잘 지켜 신랑이신 주님이 오실 때, 점도 없고 흠도 없는 어린양의 신부로 준비되어야 한다.

> 그러므로 사랑하는 자들아 너희가 이것을 바라보나니 주 앞에서 점
> 도 없고 흠도 없이 평강 가운데서 나타나기를 힘쓰라(벧후 3:14).

> 이 사람들은 여자로 더불어 더럽히지 아니하고 정절이 있는 자라
> (계 14:4).

> 우리가 즐거워하고 크게 기뻐하여 그에게 영광을 돌리세 어린양의
> 혼인 기약이 이르렀고 그 아내가 예비하였으니 그에게 허락하사 빛
> 나고 깨끗한 세마포를 입게 하셨은즉 이 세마포는 성도들의 옳은
> 행실이로다 하더라(계 19:7–8).

귀신 씻나락 까먹는 소리

귀신(악한 영) 들린 사람 옆에 있으면 같은 영의 역사함을 받는다
는 것을 설명하기 위해 이 속담을 사용했다. 이 속담은 다른 사람
이 잘 알아듣지 못하도록 혼자 우물우물 지껄이는 말을 뜻한다. 즉
말도 안 되는 소리, 황당한 소리, 정신 나간 소리 하지 말라는 의
미이다. 좀 경망스럽지만, "말이야, 방구야?" "김밥 옆구리 터지는
소리"와 비슷한 뜻이다.

이 말의 유래는 제사 음식을 차려 놓고 조상귀신이 와서 먹을
동안 광에 들어가 있는데, 가난해서 차린 것이 없으면 귀신이 광에

따라 들어와서 볍씨를 까먹는다는 속설에서 비롯되었다.

실제로 귀신 들린 사람이나, 미혹의 영에 사로잡힌 사람들 곁에 오래 있다 보면, 자신도 모르게 귀신에 홀린 것 같은 말과 행동을 무의식중에 하는 것을 볼 수 있다. 전염병에 걸린 사람 옆에 있으면 전염되듯이, 악한 영, 미혹의 영에 전염되어서 그런 것이다.

귀신(악한 영) 들린 17세 아들을 둔 엄마가 있었다. 정부에서 그 아들 앞으로 보조금을 주었고, 그 가정은 보조금으로 생활하였다. 킹덤 빌더즈 집회에 오던 여자 목사님이 그 집에 한 달 정도 머물면서 기도해서 귀신이 떠나가고 아이의 정신이 돌아오기 시작하였다. 하루는 셋이 함께 식사하는 자리에서 엄마가 혼잣말을 했다. "아들이 나으면 무엇으로 먹고살지?" 그동안 국가에서 주는 보조금으로 살았는데, 보조금이 끊어지면 어떻게 살까 하는 말이다. 아들이 평생 낫지 않고 그렇게 살면 좋겠다는 말인가? 아이를 위해 기도한 목사님이 너무 황당해서 나에게 해준 이야기이다.

그 엄마의 말이 귀신 씻나락 까먹는 소리이다. 귀신 들린 아들과 오래 있다 보니 그 엄마도 정신없는 소리를 하는 것이다. 악한 영에 전염되어 나오는 미혹된 말과 행동이다. 미혹의 영, 배도의 영이 그러하고 음란의 영도 그러하다. 미혹된 자들과 같이하는 자들은 여러 가지로 변명하고 좋은 말로 합리화하고 결국 같이 전염되어 정신 나간 소리를 하고 함께 멸망하는 것이다. 그렇기에 더욱 악한 영을 물리치고 자유롭게 하는 사역은 귀하다. 이를 위한 기름 부음과 영분별 은사가 필요하다.

주 여호와의 신이 내게 임하셨으니 이는 여호와께서 내게 기름을
부으사 가난한 자에게 아름다운 소식을 전하게 하려 하심이라 나를
보내사 마음이 상한 자를 고치며 포로된 자에게 자유를 갇힌 자에
게 놓임을 전파하며(사 61:1).

마귀를 대적하라 그리하면 너희를 피하리라 하나님을 가까이 하라
그리하면 너희를 가까이 하시리라(약 4:7-8).

말이야, 방구야?

"말이야, 방구야?"는 실제와 맞지 않는 허튼소리를 한다는 의미
이다. "가톨릭은 이단이다. 그러나 가톨릭과 연합한 자들에게 배
우는 것은 괜찮다. 기도했을 때 하나님이 가도 괜찮다고 하셨다
(자기 수준으로)"라는 말을 듣자마자 내 속에서 나온 반응은 "말이
야, 방구야?"였다. 그는 인터넷에서 일 년 가까이 내 글을 보고 우
리 선교회에 들어오고 싶다고 했다. 하지만 2016년 4월 9일 아주
사 110주년 기도회를 기점으로 가톨릭과 연합한 신사도 사역자들
그룹인 HIM에 속해 있는 목사이기에 나는 받아줄 수 없었다. 가
톨릭과 언약을 맺는 배도 현장에서 "신교와 가톨릭이 연합하니 얼
마나 아름다운가(How wonderful to be united with the Protestant and
Catholic)"라는 말을 듣고 글로 알린 나로서는 할 수 없는 일이었다.
가톨릭은 이단이고 적그리스도적 단체이고 자신도 교황을 반대한
다고 하였다. 그래서 그에게 이런 글을 보냈다.

"그러면 왜 교황을 만나고 가톨릭과 교류하는 단체들과 관계를 끊지 않고 은사 집회에 가고 그들의 글과 영상을 계속 보고 심지어 나에게도 보냅니까? 나에게 보내지 마세요. 신사도 측이 가톨릭과 연합하고 있고, 아이합의 마이클 비클, HIM의 체 안, 더 콜의 루 앵글, 신디 제이콥스, 하이디 베이커, 빌 존슨 등과 교류하는 것은 미혹과 배교입니다."

"그것은 이미 알고 있습니다. 한국에서는 아직 공식 입장을 밝히지 않았고 가톨릭과 연합해야 한다는 지침은 없었습니다."

나의 해석 : 미혹과 배교라는 것을 알면서도 공식 발표가 없다는 것 자체가 관계를 끊지 못해 결국 같이한다는 것 아닌가?

"이분들의 메시지와 삶에서 가톨릭에 대한 부분 외에는 어떤 문제도 없습니다."

나의 해석 : 이단 중의 이단이요. 적그리스도의 모체인 가톨릭과 교류한다는 것 외에는 문제가 없다는 것이 무슨 말인가. 그것이 가장 큰 문제인데 그것 외에는 문제가 없어서 같이한다고?

"그들은 여전히 주님과 사람들을 사랑하고 주님의 나라를 추구합니다."

나의 해석 : 남편 있는 여자가 다른 여자와(다른 종교와) 동침하는 나쁜 남자에게 가면서 여전히 남편을 사랑한다는 말과 같다. 교황도 가톨릭도 예수를 믿지 않느냐는 말은 힌두교도들이 예수를 믿는다는 말과 같다. 그들이 수없이 많은 신들 가운데 예수를 포함해서 믿는다는 것과 같다. 모든 종교를 다 포용하는 그들이 예수를 믿기에 같이 할 수 있다는 것은 말이 안 된다.

"많은 하나님의 사람들은 로마교와 연합하는 것을 반대합니다. 이번 컨퍼런스에 참석한 것도 우리 부부가 주님이 주시는 꿈을 꾸었기 때문입니다."

나의 해석 : 그의 말과 행동이 일치하지 않는다. 로마교와 연합하는 것을 반대하고 있다. 그러나 컨퍼런스에는 참석한다는 것은 말인가, 방구인가? "주님이 주시는 꿈을 꾸었다?" 분별도 못 하고 미혹된 자기 수준으로 꾼 꿈을 주님이 주셨다고 믿으니 할 말이 없다.

"제 경우에는 미국의 사도와 선지자들을 통해서 계속 도움을 받으면서 자라고 있습니다."

나의 해석 : 그들이 가톨릭과 연합한 것은 알고 있고 반대한다. 그러나 그들을 통해 계속 도움을 받고 자란다는 것은 영의 실체를 모르고 하는 소리이다. 이교와 연합하는 미혹의 영(마귀의 영)에 사로잡힌 사람들에게서 받게 될 영적 전이는 미혹이요, 배도일 수밖에 없다.

더는 말이 안 통해서 하이디 베이커가 가톨릭과 연합하고 교류하는 사실을 보여 주는 "베델교회를 비롯해 가톨릭도 구원에 참여한다"는 설교 영상을 보냈더니 온 답이다.

"저는 주님의 임재와 음성을 듣고 행합니다. 어떤 사역자를 추구하지 않습니다."

(나) "토론토 부흥의 존 아놋과 아내 캐롤은 교황을 만나고 그리스도를 보았다고 미혹된 소리를 하는데 그들과 같은 편이면 주님을 배반한 것입니다. 더는 말할 가치 없습니다.

"형님은 극단적인 면이 많은 것 같습니다. 만물 안에 주님의 신성이 있잖아요. 구원론보다 더 큰 이유가 있습니다."

나의 해석 : 극단적이다? 진리는 비진리와 단절할 수밖에 없다. 타협하고 섞이는 순간 더이상 진리가 아니다. 만물 안에 주님의 신성이 있다는 말은 범신론을, 구원론 이상의 무엇이 있다는 말은 예수 외에도 구원이 있다는 것과 같기에 목사인지가 의심스러워 충격을 받았다.

빌리 그레이엄은 위대한 복음 전도자로 알려졌지만, 예수 외에도 구원이 있다는 말을 수십 년 전부터 한 영상이 있다. 예수님을 모르는 사람들과 다른 종교에도 순수한 사람들이 많아서 사랑이 크신 하나님은 그들 모두를 구원할 계획을 있다고 하였다. 그러면 자신은 무엇 때문에 복음을 전했고, 교회는 왜 다니는지? 정말 미혹의 영의 역사이다. "나라가 공산화되는 것을 막기 위해 하나님의 도움도 필요하지만, 부처님의 도움도 필요하다"고 하고, 광장에서 못 모이게 되자 이번에는 중이 교회에 와서 "스님이 교회에 왔으니 기도합시다" "천지를 창조하신 하나님, 우주 법계에 충만하신 부처님" 하면서 나라를 구해 달라고 기도하며, 아멘과 나무아미타불 하는 것을 용납하는 것이 한국을 살리겠다는 자칭 선지자요, 수많은 중보자의 수준이다. 누구를 탓하겠는가?

광장은 성령이 운행하는 장소라고 하면서 토요일에 열리는 나라를 살리는 국민대회에 중들이 나와서 "하나님과 부처님이 하나가 되었습니다"라고 선포하고 염불하는 것도 괜찮다고 할 때, 나는 물었다. "그럼 성령은 주일에만 운행하고 토요일에는 운행 안

하는가?"

(나) "이것이 끝입니다. 목사님도 끊지 않으면 영광의 영역에 들어오지 못합니다. 가톨릭과 연합하면 가톨릭과 연합하는 무슬림과 불교와 모든 종교와 연합하는 것입니다."

주의 임하심과 세상 끝에는 무슨 징조가 있사오리이까 예수께서 대답하여 가라사대 너희가 사람의 미혹을 받지 않도록 주의하라 (마 24:3-4).

이러므로 하나님이 미혹의 역사를 그들에게 보내사 거짓 것을 믿게 하심은 진리를 믿지 않고 불의를 좋아하는 모든 자들로 하여금 심판을 받게 하려 하심이라(살후 2:11-12).

침소봉대 : 교만의 영

2015년 10월 14일부터 18일까지 워싱턴 DC에 있는 한 교회 부흥 집회를 다녀왔다. 주일 3부 예배까지 마친 후, 여러 사람이 기도를 부탁하여 한 사람씩 기도해 주었다. 한 집사님이 하나님의 음성을 제대로 듣는 기도를 해달라고 하면서 첫날 저녁에는 은혜를 받았는데, 둘째 날에는 마음이 눌려 힘들었다고 하였다. 옆에 앉은 집사님이 강사가 하나님의 사람이 아닌 것 같다고 말했다는 것이다. 그러면서 담임 목사님이 분별없이 강사를 초청했다고 말하고는 나오지 않았다는 것이다. 자신이 하나님의 음성을 제대로 들으면 그분을 설득할 수 있지 않겠느냐는 것이다. 그래서 그분 교회에 나온 지 얼마나 되었냐고 물었다. 석 달 정도라고 하였다. 그 말을 듣고 그분이 담임 목사나 강사보다 더 높다는 교만에서 비롯된 것이며, 교만은 영적 죄이기 때문에 집사님이 아무리 하나님의 음성을 들어도 인정하지 않고 자기가 옳다고 할 것이라고 말해 주었다.

그리고 "그분을 위해 기도해 봅시다" 하고 눈을 감았더니, 즉시로 "침소봉대"라는 음성이 들렸다. 이 말을 종이에 써서 무슨 의미인지 아느냐고 물었다. 40대 여 전도사와 기도받은 집사는 무슨 뜻인지 모른다고 하였다. 아주 작은 침을 봉, 곧 몽둥이처럼 크게 이야기하는 것으로 그 사람은 자신의 것은 크게 이야기하고 높이면서 남은 낮추는 교만의 영이 있다는 말이라고 설명해 주었다. 이것은 목회적인 문제였다. 그래서 식사하러 가는 차 안에서 심방 담당 부교역자에게 이야기해 주었다. 그 사람이 얼마 전에도 교회에 온 강사가 잘못되었다고 사람들에게 말했다는 것이다.

이는 교회의 영적 지도력에 순복하지 않을 뿐 아니라, 인정받고 싶어 하는 욕구불만을 표출하는 것이요, 영적 교만에서 비롯된 것이다. "침소봉대" 평소에 잘 쓰지 않는 말이지만, 생각지도 못한 영분별을 위한 성령의 음성이었다.

한국 교회는 신부를 잃어버렸다

2016년 9월의 일이다. 《들리는 하나님의 음성》 발간과 인천 마가의 다락방 집회를 위해 3월 이후 네 번째 방문이다. 송파 집회

낮 세미나 시간에 갑자기 몸이 떨리며 옆구리가 심하게 시려 오면서 들려온 성령의 음성이다. 성령의 탄식과 함께 전해진 메시지는 가난했을 때, 그렇게 순결한 신부였던 한국 교회가 부요해지니 이제 바람이 나 신랑이신 주님을 떠났다는 것이다. 옆구리가 시린 증상은 5월 신정동 집회에서 감각으로 느낀 영분별의 은사로 처음 나타났다. 40대 초반의 자매를 위해 기도할 때, 아무도 없는 삭막한 길과 얼음이 얼고 차디찬 눈바람이 날리는 환상과 함께 왼쪽 옆구리가 시려 오는 것이었다. 그 자매는 싱글 선교사로 추운 러시아에서 10년간 선교 사역을 했는데, 다시 들어가야 하는지에 대한 확신이 없어 기도하는 중이라고 했다. 나는 "결혼하고 싶냐?"고 물었다. 결혼하고 가든지 아니면 가고 싶지 않다고 대답했다. 배우자가 없어서 옆구리가 시린 것이었다. 한 사람 한 사람씩 상담 기도를 할 때 옆구리가 시려서 물으면 여지없이 결혼하고 싶다고 했다. 60이 넘은 권사를 위해 기도할 때도 옆구리가 시려서 "권사님도 결혼하고 싶으세요?"라고 물었더니 "그렇다"라고 대답하는 것이다.

새로운 지식의 말씀 은사를 경험한 후 몇 달이 지난 9월 송파 집회에서 이번에는 말씀을 전하는 가운데 왼쪽 옆구리가 몇 배나 더 시려 허리가 끊어질 것 같은 통증을 느꼈다. 갑자기 몸이 진동하고 다리가 후들후들 떨렸다. 그때 떨리는 목소리로 외친 것이 "한국 교회는 신부를 잃어버렸다!"였다. 그 즉시 성령의 강권하심 앞에서 모두가 통곡하며 회개하는 역사가 나타났다.

한국 교회는 전에도 바람이 났었다. 1885년 한국 최초 선교사

아펜젤러를 통해 복음이 전해진 이후로 순결했던 한국 교회는 일제의 강압에 의해 1938년 9월 신사참배를 결의하였다. 일본 천황에게 절을 올리는 우상숭배로 그 정절이 더럽혀졌다. 그 결과 1950년 한국전쟁으로 250여만 명이 죽는 심판을 받았다. 한국 교회가 또다시 1959년 장로교 총회에서 WCC를 받아들인 이후로 지금은 장로교 통합 교단을 비롯해 감리교, 침례교, 구세군, 오순절 교단(순복음 교단)까지 WCC에 가입하여 신랑이신 주님을 또다시 배반하였다.

WCC(World Council of Churches)는 세계복음주의교회협의회로 종교다원주의이다. WCC 홈페이지에는 "다양한 종교의 신학 이해(A Theological Understanding of Religious Plurality)" "우리는 타 종교 속에 신비한 구원이 있는 것을 인정하며(Our Recognition of Mystery of Salvation), 반드시 타 종교와의 대화에 임해야 한다는 것을 분명히 한다"라고 명시되어 있다. 타 종교에도 구원이 있다는 그들은 예수님만이 유일한 구원자라는 진리를 부인하고 있다.

WEA(World Evangelical Alliance)는 세계복음주의연맹으로 창조론 부정은 물론 자유주의와 공산주의 그리고 로마 가톨릭을 포용하고 연대하는 비복음주의 집단이다. 그런데도 2019년 9월 합동 측 총회에서 WEA와의 교류 금지가 바람직하지 않다는 결론을 내렸고, 결국 WEA 교류 합법화를 결의하였다. 그리고 2014년 5월 22일에는 WCC에 가입한 교단들 모두가 적그리스도의 모체요, 가톨릭과 신앙과 직제 일치에 서명하였다. 한국 교회의 95퍼센트가 예수님만이 구원의 길이라는 진리를 버리고 종교다원주의 WCC,

WEA, 요한계시록이 말하는 창기들의 어미인 큰 음녀요, 태양신을 섬기는 멸망할 바빌론 가톨릭과 바람이 난 것이다.

그래서 주님께서 "한국 교회는 신부를 잃어버렸다"고 탄식하신 것이다. 한국 교회는 더이상 주님의 순결한 신부가 아니다. 그러므로 작금의 공산화 위기는 결코 우연이 아니다. 이 배도를 회개하고 돌이키지 않으면 하나님의 심판을 면할 길이 없는 절체절명의 위기에 직면할 것이다. 이 위기에서 벗어나는 유일한 길은 철저히 회개하고 종교다원주의와의 교류를 끊고 주님께로 돌아가는 길이다. 호세아 선지자는 자신을 버리고 계속 다른 남자들과 행음하는 음란한 자기 아내처럼, 하나님을 떠나 우상숭배의 음행을 저지르는 이스라엘을 향하여 외쳤다.

오라 우리가 여호와께로 돌아가자 여호와께서 우리를 찢으셨으나 도로 낫게 하실 것이요 우리를 치셨으나 싸매어 주실 것임이라 (호 6:1).

저는 만군의 하나님 여호와시라 여호와는 그의 기념 칭호니라 그런즉 너희 하나님께로 돌아와서 인애와 공의를 지키며 항상 너의 하나님을 바라볼지니라(호 12:5-6).

하루빨리 한국 교회는 여호와께로 돌아가야 한다.

영분별 사역자의 모델

　오늘날 기독교 지도자와 영적 사역자들이 성령으로 시작했다가 육체로 마치는(갈 3:30) 경우를 종종 본다. 반면에 성령으로 시작했다가 끝까지 성령으로 마치는 사역자를 찾아보기는 어렵다. 진실하고 신실한 사역자들 대부분은 숨겨지고 알려지지 않은 사람들이다. 아버지가 기도원 사역을 해서 어릴 때부터 영적 사역자들의 끝이 좋지 않은 모습들을 많이 보았다. 하나님의 강권적인 이끄심과 부르심이 없었다면 영적 사역의 길에 접어들지 못했을 것이다. 하나님께서 마지막 부흥을 이끌어 나가기 위해 가장 필요한 영적 은사의 두 기둥은 영분별과 사랑이라고 하셨다. 성령의 능력으로 사역하는 사역자들은 많지만, 영분별의 은사와 사랑의 은사를 겸한 사역자들은 많지 않다. 영분별은 하나님께 속한 것과 하나님께 속하지 않은 것을 분별하는 은사이다. 다른 사람을 분별하기도 하지만, 자신을 잘 분별해야 사람, 물질, 명예로 유혹하는 미혹의 영에 넘어가지 않을 것이다.

　어릴 때 아버지를 통해 들은 오순옥 전도사님의 신앙은 정말 성령으로 시작했다가 성령으로 마친 참된 영적 사역자의 귀감이다. 아버지는 한국전쟁 1 · 4 후퇴 때 원산에서 월남하여 부산에 정착하셨다. 그리고 1966년에 거제도 기도원을 개척하셨다. 그전에도 믿음이 있었지만, 사업에 실패한 30대 후반에 성령의 불을 체험하셨다. 당시 초등학교 6학년이던 나는 할머니 집에서 지냈고, 한 달에 한 번 나오시는 아버지에게 오 전도사님의 이야기를 들었다.

홀로 월남하신 아버지에게 전도사님은 영적 어머니 같은 분으로 많은 도움을 주셨다. 정작 나는 군대를 제대한 후에 처음 뵈었다. 그리고 결혼하기 전 아내와 함께 방문했을 때 기도해 주셨다. 그때 나는 20대 후반, 아버지는 50대 중반, 오 전도사님은 70대 초반이었다. 오 전도사님은 한없이 인자한 모습 속에 감추어진 강직함과 성과 같은 견고함이 있었다. 적에게는 절대 열어주지 않는 철문이지만, 아군에게는 환영하듯 성문을 활짝 열어 놓은 모습이었다. 아버지에게 그분에 대한 좋은 이야기를 들어서인지 그동안 보고 들은 부흥사나 영적 사역자들의 부정적 이미지를 모두 상쇄하고도 남을 만한 인품과 영력의 소유자였다.

오 전도사님의 이야기는 오늘날의 많은 교인에게 신비의 영역이지만, 주님과 동행하기 위해 힘쓰는 자들에게는 결코 허무맹랑하거나 지어낸 이야기가 아님을 믿기에 몇 가지를 소개한다.

1. 배우지 않은 영어와 러시아어를 구사하다.

일제 강점기 때 영국 선교사들을 따라다니며 러시아와 영국에서 복음을 전했다. 러시아에서는 러시아어를, 영국에서는 영어를 구사하였다.

2. 시베리아 곰이 밤새도록 온몸으로 감싸 추위를 이겨내다.

그 추운 겨울 시베리아에서 길을 잃어 들판에서 밤을 보내게 되었다. 너무 추워 기도하다가 잠이 들었는데, 온몸이 젖을 정도로 땀이 나서 눈을 떴다. 해가 솟아올랐고, 엄청나게 큰 곰이 어슬렁 어슬렁 돌아서 기어가고 있었다. 추워서 뜨겁게 기도하다가 잠이 든 전도사님을 하나님이 보내신 곰이 밤새도록 감싸주었다는 것이다.

3. "주여!" 하고 외치자, 기어들어 오던 도둑의 두 손과 두 발이 마루에 붙다.

어느 교회 부흥회를 인도할 때 있었던 일이다. 새벽에 사택으로 살살 기어 오던 도둑의 인기척을 발견하고 전도사님이 "주여!" 했더니 기어 오던 채로 마룻바닥에 붙어 버렸다. 팔을 떼려고 애쓰는 도둑에게 "새벽 집회 다녀올 때까지 회개하고 있으라"고 했다. 새벽 기도 마치고 담임 목사님과 장로님들과 함께 와서 다시는 도둑질 하지 않고 예수 믿기로 작정하고 기도했을 때, 바닥에서 손과 발이 떨어졌다.

4. "집사님, 아까 뭐라고 했지?"

새벽 기도회를 마치고 같이 온 집사에게 "집사님, 아까 뭐라고 했지?"라고 전도사님이 물었다. 새벽 기도회에 오면서 가정 이야기를 했는데 전도사님은 듣는 둥, 마는 둥 아무 말씀이 없었고, 기도회 마치고 교회를 나와서야 물은 것이다. 전도사님은 하루를 시작하면서 하나님과 먼저 대화한 후에야 사람들과 대화하는 자신만의 영적 원칙을 평생 지키신 것 같다.

5. "집사님, 이리 들어와. 들고 있는 거 돈 맞지?"

50~60년 전 부산 변두리 주택지 개발이 한참일 때, 오전에 전도사님은 한 부동산을 찾았다. 부동산 중개인에게 개발 중인 택지를 묻고 교회 부지를 오늘 계약하겠다고 했다. "계약금은 가져왔느냐?"는 물음에 "조금 있으면 가져올 거라"고 하였다. 조금 있으니 전도사님이 아는 여 집사님이 작은 보퉁이를 들고 부동산 앞을 지나가고 있었다. 전도사님이 그분을 불렀다. "집사님, 이리 들어와. 들고 있는 거 돈 맞지?" 하나님께서 교회 지을 땅을 사라고 말씀하셨고, 오 전도사님을 잘 아는 집사님은 순종한 것이다. 전도사님조차도 그 집사님이 돈을 가지고 올 것을 알지 못했고, 단지 하나님께서 "가서 계약하라. 돈이 올 것이다"라는 음성만 들었을 뿐이다. 중도금과 잔금을 치러야 계약이 종료되는 상황에서 이런 황당한 모습을 본 부동산 중개인도 과연 잔금을 치를 수 있을까 염려했다. 그런데 신앙 없는 부동산 중개인도 하나님이 하셨다는 사실을 부인할 수 없는 기적이 일어났다.

땅을 계약한 지 얼마 후에 부동산에 중년 신사가 들어왔다. 그 신사는 듣고도 귀를 의심하지 않을 수 없는 말을 했다. 오래전에 한국을 떠나 미국에서 고생 끝에 성공을 이룬 그의 평생소원은 태어나고 자란 고향에 교회를 지어 하나님께 드리는 것이었다. 그리고 이곳에 교회 지을 땅을 알아봐 달라는 것이다. 이 말을 들은 부동산 중개인은 얼마 전에 있었던 일을 이야기했고, 오 전도사님을 소개하였다. 그래서 땅의 잔금뿐만 아니라, 교회 건물까지 짓는 기적이 일어났다. 이러한 방법으로 부산과 경남 일대에 50여 개의 교회를 개척하였고, 전도사님이 앉아서 기도하는 곳은 교회가 된다는 소문이 퍼질 정도였다.

6. "전도사님, 가정 부흥회 강사를 어떻게 대접할까요?"
"너희 교회 부흥회 강사 대접과 똑같이 해."

나의 아버지는 중국 연변에서 태어나셨다. 2세 때 아버지를 잃고 어머니를 따라 원산으로 이주하셨다. 일제 강점기 때 지금의 중학교인 소학교만 졸업하고 한문을 독학으로 배운 분이다. 사업 실패 후, 강력한 성령을 체험하고 거제도 기도원과 세 교회에서 목회하셨다. 두 교회는 교회 없는 동네에 개척하여 건축까지 하셨지만, 신학을 하지 못해서 평생 전도사로 사역하셨다. 아버지는 거제도에서 한 달에 한 번 부산으로 나오시면 첫 주 월요일 저녁에 남편은 회사를 운영하고 아내는 의사인 가정의 예배를 인도하셨다. 훌륭한 목사님들도 많지만, 오 전도사님이 오랫동안 인도하셨던 그 자리를 기도 많이 하는 영적 아들인 아버지를 추천하셨기 때문이다. 그 집은 새해 첫 주가 되면 월요일 저녁부터 토요일 새벽까지 신년 가정 부흥회를 하였다. 오 전도사님이 아버지를 일주일 가정 부흥회 강사로 모시라고 하였다. "대접은 어떻게 해야 하나요?"라는 물음에, "다니는 교회 부흥회 강사와 똑같이 대접하라"고 하였다. 권사님이 다니는 교회에서는 신년 부흥회에 유명 강사를 초대해서 영접이나 식사, 사례비까지 최선을 다해 대접하였다.

아버지는 새벽, 아침, 저녁 집회를 인도하셨고, 그 당시 서민들은 쉽게 먹을 수 없는 갈비탕 대접을 받으셨을 뿐 아니라, 집회 후에는 풍성한 사례비와 구두, 양말, 속옷부터 양복 일체와 영국제 겨울 외투에 어머니 한복 일체까지 선물로 받으셨다. 오 전도사님의 말씀에 순종해 시골 교회 전도사를 일류 부흥 강사처럼 대접한 권사님도 대단하지만, 자기가 할 수 있는 것을 아버지에게 양보한 전도사님의 인품과 영성은 하나님과 깊은 교제 가운데서 나온 것이다.

7. "너는 평생 하나님 일하다가 지옥 간다고 치자. 그렇게 기도한 여덟 자녀는 어떻게 하라고?"

아버지께 훌륭한 영적 어머니를 붙여 주신 것은 아버지에 대한 하나님의 크신 은혜였다. 나는 오 전도사님을 두세 번 뵈었지만, 지금도 감사하며 영적 사역자의 올바른 롤모델로 기억하는 것은 부친의 마지막과 관련이 있다. 아버지는 30대 후반에 은혜를 받고 거제도에 기도원을 설립하시고 시골 교회를 섬기면서 20년 동안 하루에 4~5시간 이상 기도하며 사신 분이다. 그 기도로 주어진 능력과 예수님의 이름으로 병을 고치고 귀신을 쫓아냈다. 그런데 낙심한 결정적인 이유는 같이 기도원을 설립한 세 사람 중 한 분인 장로님은 일찍 돌아가시고, 권사님은 기도원을 팔려고 하였다. 이에 아버지는 반대하였고 이 문제로 회의를 느낀 아버지가 그만두고 교회가 없는 동네에 개척하면서부터였던 것 같다. 그때 나는 결혼해서 영국과 인도 선교지에 있었다. 아무 보상도 없고 배신당한 마음과 나이 들어가는 자신과 어린 자녀들에 대한 걱정과 하나님에 대한 낙심이 병이 되어 결국 뇌졸중과 중풍으로 57세에 사역을 그만두게 되었다.

1986년 여름, 잠깐 한국에 들어왔을 때 작은 아파트에 앉아 계시던 아버지의 모습은 충격이었다. 새벽마다 기도했던 맏아들이 왔는데도 힐끔 눈길만 줄 뿐, 아는 체도 말도 하지 않았다. 더구나 평생 기도로 쫓아냈던 귀신 들린 사람의 눈과 같은 눈으로 나를 흘겨보셨다. 예배도 드리지 않는다고 어머니께서 말씀하셨다. 몸이 아파서 기도도 못하고 하나님을 원망하니 귀신이 들어와서 점령한 것이다. 평생 기도하시던 아버지가 귀신 들린 것이다. 인도로 돌아와서 아버지의 영혼 구원을 위해 얼마나 기도했는지 모른다. 수많은 사람을 구원으로 인도하고 정작 아버지는 지옥 가게 될까 봐 두려웠다. 그해 12월 27일에 아버지가 돌아가셨다는 연락을 받았다. 그때만 해도 한국으로 나가는 항공편이 쉽지 않았다. 바로 출발해도 장례식이 끝난 후에야 도착할 수 있었다. 무엇보다 아버지의 영혼이 걱정되었다. 어머니에게 들은 소식은 하나님의 전적인 섭리와 은혜였다. 가정 예배도 안 드리는 아버지를 보다 못해 어머니께서 오 전도사님에게 연락한 것이다. 아버지는 자신을 세워주고 이끌어 준 오 전도사님이 오셨는데도 냉담하셨다. 하나님을 원망하다가 단단히 귀신 들렸으니 그랬을 것이다. 설마 이 정도일까 생각한 오 전도사님은 아버지 귀에 대고 "너는 평생 하나님 일하다가 지옥 간다고 치자. 그렇게 기도한 여덟 자녀는 어떻게 하라고?"라고 하셨다. 그 권위 있는 말이 귀신의 영향으로 귀와 마음을 닫았던 아버지 마음 깊은 곳에 있던 영을 깨웠다. 그로부터 한 달 후에 돌아가셨는데 끝없이 눈물을 흘리며 회개하고 얼굴이 환해졌다는 것이다. 영적으로 지도하고 이끌어 주신 전도사님이 아니었다면, 아버지는 많은 사람을 구원으로 이끌었지만, 정작 자신은 하나님을 원망하다가 지옥 갈 수도 있었다. 모세도 하나님을 원망했다가 가나안에 못 들어가고 임종 때 마귀가 시체를 가져가려고 천사와 다투었다는 이야기도 있다. 아버지가 돌아가시고 오 전도사님은 가정 신년 부흥회를 하는 권사님(의사)이 마련해 준 조그만 집에서 하나님을 섬기다가 하나님께 가셨다.

나는 평생 감사장 하나 받지 못한 분들이, 큰 교회를 이루고 하나님의 영광을 가로채는 유명한 지도자들보다 더 큰 상급을 받는다고 믿는다. 요즘은 훌륭한 인격과 성품과 영성과 파워를 가진 자들을 보기 힘들다. 가난했지만 순수했던 그 시대에 하나님 능력의 통로로 사용되었던 이름 없는 사역자들이 많았다. 순전한 목회자들과 하나님의 능력에 붙들린 강력한 영적 사역자들이 있었기 때문에 가난했던 그 시대에 한국을 뒤덮는 부흥이 임한 것이다. 그 성령의 불과 하나님의 영광이 다시 한번 임하기를 소원한다. 그 부흥의 약속을 주셨다. 오 전도사님의 영성을 본받기를 간절히 원하는 마음으로 이 글을 쓴다. 영분별과 사랑의 은사를 주소서!

각 사람에게 성령의 나타남을 주심은 유익하게 하려 하심이라…어떤 이에게는 영들 분별함을(고전 12:7, 10).

영분별과 사랑의 은사로 마지막 영광의 부흥을 이끄는 영적 사역자가 되고 성령으로 시작하였다가 성령으로 마치려면,

첫째, 끝까지 하나님과 동행해야 한다.

둘째, 하나님과의 친교를 매일 해야 한다. 기도만이 아니다. 친교다.

셋째, 진리를 저버리지 않아야 한다.

넷째, 삶의 목적을 발견해야 한다.

다섯째, 항상 하나님께 감사해야 한다.

여섯째, 하나님이 좋은 목자이심을 믿어야 한다.

일곱째, 하나님의 선하심과 인자하심을 노래해야 한다.

여덟째, 주님의 얼굴과 영광을 사모해야 한다.

아홉째, 하나님을 무엇보다도 끝까지 사랑해야 한다.

하나님의
리콜 운동
훈련 소개

킹덤 빌더즈 훈련 : 하나님 나라를 세우는 사람들

1. 기름 부으심(요일 2:20)을 통해 영혼육의 치료와 자유함을 받고(고후 3:17), 성령의 능력을 받아 포로 된 자와 눌린 자를 자유하게 하며 주의 은혜의 복음을 전파하는(눅 4:18-19) 사역자를 준비시키고 파송한다.
2. 하나님과의 친밀한 교제(시 25:14)를 통해 하나님의 보좌와(계 4:2) 하나님의 심장 박동 듣기를 사모하며(요 13:25), 성령의 계시와 은사로(고전 2:7, 10, 12:8-10) 사람들을 섬기도록 훈련한다.
3. 요셉 축복 – 사업의 기름 부으심(창 41:48)이 마지막 때의 급속한 세계복음화를 위해 하나님께서 그분의 백성에게 예비하신 축복임을 믿고(사 45:3, 60:5, 11, 슥 14:14), 열방을 유업으로 받을(시 2:8) 하나님의 백성을 준비시킨다.
4. 영적 전쟁과 사도적 추수운동(마 9:38)을 위하여 도시와 열방을 위한 중보기도자를 훈련하며(사 62:6), 초대교회적 오중 사역을 통해(엡 4:11) 추수할 일꾼을 준비시키고 파송한다(마 28:19-20).
5. 세계 선교와 하나님 나라 부흥(사 11:9)을 위한 기도와 선교의 연합에 힘쓸 하나님의 사람을(딤전 6:11) 준비시키고 파송한다.

하나님의 음성 듣기 훈련

"내 양은 나의 음성을 들으며 나는 저희를 알며 저희는 나를 따르느니라"
(요 10:27).

| 241

성령으로 거듭난 성도는 누구나 하나님의 음성을 들을 수 있다. 우리는 주님과 친밀한 기도 시간을 통해 그분의 음성을 듣는다. 시편 25편 14절에 "여호와의 친밀함이 경외하는 자에게 있음이여 그 언약을 저희에게 보이시리로다"라고 약속하셨다. 자신을 향한 하나님의 음성은 기도 응답과 삶의 목적과 방향에 대한 성령의 인도로 나타나며, 남을 위해 듣는 것은 "덕을 세우며 권면하며 안위하는 것"(고전 14:3)으로서 예언(격려) 사역이 된다.

이 훈련의 목적은 성령의 기름 부으심과 하나님과의 친밀한 교제를 통해 '성령의 직관과 감동, 성령의 내적 음성, 지식의 말씀, 꿈, 환상, 천사의 음성, 귀에 들리는 음성' 등으로 하나님의 음성을 듣고 분별하는 훈련과 기도 사역을 통해 각자의 은사를 활성화시키고 다가오는 부흥의 시대를 위한 사역자로 준비시키는 데 그 목적이 있다.

꿈과 환상의 해석

요엘 선지자가 예언한 마지막 날에 대한 징조로 전 세계적으로 신령한 꿈과 영적 환상들이 쏟아져 내려오고 있다. 성경 전체에는 하나님께서 말씀하신 계시의 한 방편인 꿈과 환상들에 대한 기록으로 가득 차 있다. 이러한 꿈과 환상들은 예언적이며 그것이 이루어졌을 때, 역사가 바뀌어진 것을 볼 수 있다.

본 과정에서는 서구적 이성주의의 영향으로 나타난 꿈과 환상에 대한 부정적 선입견과 오해를 극복하고 주님과의 친밀한 교제를 추구하는 사람들에게 주님께서 그 자신을 알리시고 개인과 시대에 대한 그분의 뜻을 계시하는 방법으로서의 꿈과 환상을 이해하고 해석하는 것을 가르친다. 앞으로 한국 교회에도 본격적인 예언사역시대가 열릴 것이다. 이런 관점에서 꿈과 환상을 성령의 도우심과 훈련을 통해 해석하면 예언사역이 된다. 이 은사를 계발하고 접목해서 개인과 교회와 열방을 섬기는 사역자로 세우는 훈련 과정이다.

1. 서론
2. 하나님의 음성을 듣는 법
3. 꿈으로 말씀하시는 하나님
4. 꿈과 환상의 차이
5. 삶의 목적의 꿈
6. 사명과 은사 부여의 꿈
7. 삶의 방향 지시의 꿈
8. 미래 약속의 꿈
9. 가르치고 진리로 인도하는 꿈
10. 깨닫게 하고 교정하는 꿈
11. 사역의 꿈
12. 치유의 꿈
13. 선포적 꿈
14. 꿈과 환상의 해석과 적용

영적 전쟁과 중보기도 훈련

오늘날 성경이 말하는 이방인의 시대(롬 11:25) 말기에 세계 각처에서 성령님이 주도하시는 폭발적인 하나님 나라 부흥이 일어나고 있다. 이와 때를 같이하여 메시아닉 유대인 부흥의 징조가 본격적으로 시작되고 있다. 최근의 〈Megashift〉라는 선교 자료에 의하면 세계적으로 25분마다 3천여 명이, 하루에 17만 5천여 명이 주님께로 돌아오는 신사도행전적 역사가 일어나고 있다. 하나님의 때, 시대의 때를 분별하는 사람은 자신의 때(인간의 때)를 기다리며 항상 기도하며 깨어 있어야 한다(눅 21:36). 나아가서 "우리의 씨름은 혈과 육에 대한 것이 아니요 정사와 권세와 이 어둠의 세상 주관자들과 하늘에 있는 악의 영들에게 대함이라"(엡 6:12)고 한 것처럼 열방구원과 세계선교의 완성을 위해. 선교 사역을 위해 기도하는 수준을 넘어서서 영적 전쟁을 위한 전략적 수준의 전투적 중보기도가 절실히 요구되고 있다. 구하는 자에게 열방과 열방의 재물을 약속하셨으며(시 2:8, 사 60:5), 예수 그리스도의 계시와(마 12:27, 계 1:1), 하나님을 아는 지혜와 계시의 정신(엡 1:17)을 주신다. 이 훈련의 목적은 전략적 중보기도를 통해 영적 전쟁인 선교에 직접 동참하며, 중보기도 사역자들을 양성하고, 열방구원의 마지막 추수 사역자들을 세우고 파송하는 데 있다.

영광학교(Glory School)

하나님의 영광은 그분 존재의 일부이며, 하시는 모든 것을 의미한다. 영광은 하나님께서 인간에게 능하신 일을 보여 주어 그분의 위대하심을 알리는 속성이다. 즉 보이지 않는 하나님의 현시력이다. 이 영광은 무겁고 빛나고 풍부한 위엄의 광채이며, 하나님의 아름다움이다(사 35:2). 모세는 "원하건대 주의 영광을 내게 보이소서"(출 33:18)라고 기도했고, 베드로와 요한과 야고보는 변화산에서 주님의 얼굴에 나타난 하나님의 영광을 보았다(마 17:2).

하나님께서 기뻐하시는 자에게 그분의 영광을 나타내신다. 하나님께서는 그분의 백성이 하나님의 영광에 참예하기를 원하신다(고후 3:18, 4:6). 더욱이 마지막 때에 이 영광이 하나님의 백성에게 부어질 것이며(사 60:1-3, 학 2:9), 큰 흑암이 땅을 덮을 것이나 영광이 더욱 증가하여 결국에는 여호와의 영광이 나타나 모든 육체가 그것을 함께 보게 될 것이다(사 40:5). 이 영광을 사모하고 체험하여 다가오는 도시와 열방 대추수를 위한 부흥과 영광의 문이 되는 훈련 과정이다.

1. 서론 – 하나님의 영광
2. 하나님의 얼굴과 영광을 구함 – 다윗의 장막
3. 찬송과 영광
4. 영광의 영역 경배
5. 하나님의 불과 불세례
6. 그리스도 영광의 소망
7. 영광의 집, 영광의 문
8. 하나님 나라 부흥의 영광

하나님의 리콜(Recall) 운동(하리운 목회자 컨퍼런스 – 영적 회복과 재충전)

20세기 최대 부흥을 이룬 한국 교회는 작금의 세속화와 영적 침체의 영향으로 분열과 쇠락의 국면에 접어들고 있다고 해도 과언이 아니다. 이제 한국 교회는 부흥보다 회복의 기치를 들어야 할 때다. 그리고 교회 회복은 목회자 회복이 우선되어야 하며, 목회자 회복은 거룩함과 능력의 회복을 전제로 이루어져야 한다. 하나님의 리콜 운동은 목회자들을 재소집하여 영적으로 재충전하는데 그 취지가 있다.

한편 교회 회복을 위한 3대 요소는 하나님의 불, 하나님의 영광, 하나님의 능력이다. 이 운동의 목적은 목회자들이 이 시대에 하나님께서 쓰시기에 합당한 거룩함과 능력을 구비하도록 준비시키는 데 있다. 이를 위해 목회자들이 하나님 음성을 듣고 그분과 친교를 맺을 수 있도록 훈련하며, 하나님의 불과 영광을 체험함으로 사역현장에서 나타나는 하나님의 능력이 되도록 하는 데 그 목적이 있다.

1. 부흥을 위한 기름 부으심
   기름 부으심/하나님과의 친교/하나님의 음성 듣기/꿈과 환상/하나님의 불/하나님의 영광
2. 도시와 열방을 위한 부흥의 문
   자아의 죽음/생각의 견고한 진 격파/거룩한 산제사/생명의 성령의 법/기다림과 안식/다스림/궁극적 사명 발견/엘리야의 영/아버지의 마음(하나님의 감동과 사랑)/영광의 문/예표의 사람
3. 부흥을 일으키는 권세와 능력
   다가온 하나님 나라/다윗의 열쇠/사도적 권세와 비전/사도적 믿음과 능력/하나님의 군대를 일으킴/좌우에 날선 검(하나님의 말씀과 성령의 능력)/치유와 예언사역/아홉 가지 은사와 열매/지혜와 계시의 영(일곱 영)

높은 곳에 다니게 하시는 은혜(높다은 사모 및 여성 사역자 세미나)

시편 68편 11절은 "주께서 말씀을 주시니 소식을 공포하는 여자들은 큰 무리라"
고 하였다. 창세기 3장 15절의 사탄의 권세를 멸할 인류 구원의 최초 약속이 여
자에게 주어졌다. "여자의 후손은 네 머리를 상하게 할 것이요." 이제는 목회자
의 아내와 여성 사역자가 마지막 시대 하나님의 비밀병기로 사용될 자신의 정체
성을 깨달아야 할 때다. 이를 위해 그들을 짓눌렀던 사탄의 거짓을 파쇄하고 하
나님께서 계획하신 본연의 부르심 앞에 서기 위해 높은 곳에 다니게 하시는 은
혜를 발견해야 한다.

"주 여호와는 나의 힘이시라 나의 발을 사슴과 같게 하사 나를 나의 높은 곳으로
다니게 하시리로다 이 노래는 지휘하는 사람을 위하여 내 수금에 맞춘 것이니
라"(합 3:19).

본 과정은 영적 정체성 발견과 회복, 궁극적 사명 발견을 돕기 위한 것이다.

여호와는 나의 힘/완전한 신뢰와 확신/생명의 길—기쁨과 즐거움/부족함이 없는
은혜/겟세마네에서 부활의 언덕으로/영의 기도, 영의 노래/여성—마지막 때를 위
한 하나님의 비밀병기/하나님의 보좌

킹덤 빌더즈 훈련 및 사역

1. 킹덤 빌더즈 훈련
2. 하나님의 음성 듣기 훈련
3. 꿈과 환상의 해석 훈련
4. 중보기도와 영적 전쟁
5. 치유 및 능력 사역 훈련
6. 목회자 리콜 운동(영적 재충전) 컨퍼런스
7. 1박 2일 '오픈 헤븐' 목회자 가족 산상 수련회
8. 사모 및 여성 사역자 높다은 컨퍼런스
9. 어린이 및 주일학교 교사를 위한 은사 사역 훈련
10. 교회와 나라를 위한 지역 연합 기도
11. 민족과 열방 부흥을 위한 각 나라 스타디움 기도회

그 외 요셉 축복-사업의 기름 부으심, 세계 선교와 하나님 나라 부흥, 세미나 및 개교회 부흥과 치유사역을 위한 믿음과 영적 성장, 영적 도약과 상승 집회.

훈련 및 집회 안내
하나님의 리콜 운동

경기도 부천시 소사로 184 302호

홈페이지_ www.hariun.com
유튜브_ 하리운 TV
전자우편_ globaldm2030@yahoo.com